純喫茶とあまいもの

親しみやすい名喫茶

大阪編

難波里奈 著

誠文堂新光社

あの空間、あのメニュー、あの人に会いに

味園ユニバース、大阪駅前ビル、天神橋筋商店街、中崎町、天王寺動物園、ジャンジャン横丁、黒門市場、平野駅の商店街……。少なくとも年に数回は足を運ぶ大阪で、頻繁に訪れる場所たちです。「純喫茶とあまいもの」シリーズの四作目は、個人的にとても好きなエリアである大阪編となりました。大阪で訪れた純喫茶の数は、自分が暮らしている関東地域の次に多いと言っても過言ではないため、紹介したいお店も多く1冊では収まりきれなかったほど。

大阪の地ではあくまでも旅人である私は、次の予定を気にしてついスマートフォンに目が行きがちですが、せめて純喫茶にいる間は、周りを見渡し、隣の人のおしゃべりやBGMに耳を傾けていたいと気を付けています。そこには、今では造ることが難しいであろう細工が施された装飾や、ぜいたくなまでの空間、幼い頃の記憶にあるようなインテリアなど、コーヒーやあまいものという飲食の先にある付加価値を感じられるからです。

お店の人たちにとっては生活そのものである大切な空間にお邪魔し、コーヒーを一杯飲み終わるまでの時間、お借りした場所で現実から少し離れたひとときを過ごす喜び。家でもない、会社でもない、学校でもない、そんなところからさっきまでいた世界を眺めることの大切さ。それは、まるで上質な衣服の裏地みたいに、自分だけが知っているひっそりとした楽しさなのかもしれません。

あの街に行けばあの店がある、あの人がいる。今までもそのことがどれだけ心の支えになってきたことでしょう。誰かのためではなく、自分の心を満たすために、気の向くまま巡る純喫茶は、渇きそうになった心に給水してくれる存在ではないかと思っています。

この本を手に取ってくださった皆さまのお好きなお店があることと、その周辺にあるまだ見ぬ素敵なお店たちにこれから出合えることを願って。

難波里奈

純喫茶とあまいもの

大阪編

【目次】

フレンチトースト／フルーツサンド

ホットケーキ／チーズケーキ

コーヒーゼリー／デザートドリンク

column

※2025年1月時点の情報に基づき制作しています。お店の情報等は今後変更になる場合があります。

プリン

ドレミ

プリンローヤル　「ローヤル」の名のごとく気品すら漂う人気の一品。中央に控える自家製プリンを、りんご、キウイ、パイナップル、オレンジといった華やかなフルーツたちが取り囲む。

通天閣の足もとで
「ローヤル」なプリンに恋して

大阪の純喫茶、と聞いて、通天閣の足もとにある「喫茶ドレミ」を思い浮かべる方も多いのではないでしょうか。インパクトのある外の壁にびっしりと生えているツタは、装飾の一部ではなく、隣の敷地から自然発生したものだそう。

現在二代目を務めるのは山本真也《まさや》さん。創業者は、23年ほど前に亡くなられた山本さんのお父様で、その後お母様が引き継ぎ、数年前までは弟さんが手伝っていました。２０１８年にお母様も亡くなってしまい、現在は山本さんが本業であるカメラマンをしながら店に立っています。「喫茶ニューワールド」（Ｐ．１９４）とこちらは親戚関係にあたり、山本さんの祖父母がジャンジャン横丁で始めたのが「ニューワールド」。カメラマンだったお父様はそちらを継がず、木造だった写真館から1階を喫茶店、2階を写真館、3階を住まいに建て替えて、「ドレミ」が誕生したのは山本さんが8歳のとき。当時の写真は今のところ見つかっていないのは残念ですが、いつかひょんなところから出てきたときには、ぜひ目にしたいものです。余談となりま

初めて訪れる人も、通天閣を目印にすればまず迷う心配がない。

やわらかい曲線を描くシルバーのランプシェードにも心惹《ひ》かれる。

すが、メニューに書かれていた今はなき「天満OMMビル前店」は、店名は「ドレミ」であるものの、「ニューワールド」の支店として出店されたそう。

「ABC」「いろは」「ひふみ」など、文字順が上がっていくことで「売り上げも上る」という縁起をかつぐ店名は多かったそうで、幼い頃の山本さんが出した「ドレミ」というアイデアは、覚えやすくてよさそうだと店名に採用されたそうです。また、「ドレミ」といえば、コーヒーカップを片手に陽気に笑う猫のキャラクターが印象的です。先代渾身のデザインかと思いきや、「誰が描いたかわからない」という意外さ。猫には蝶ネクタイをしているものとしていないものがありますので、店内で探してみるのもお薦めです。

多数あるメニューの中で、山本さ

バナナフロート

パインフラッペ

自慢の味をドレミでどうぞ！

ホットケーキ

本場の味カレーもヨロシク

んが一番好きだというプリン。元々はお母様が作っていて、現在は奥様が引き継いだレシピで提供しています。日に30個、多い日には60個ほど作るというのが人気の証し。同じくらい注文の多いホットケーキですが、当時は季節限定メニューで冬季にしか食べられなかったそうです。また、創業当時から自家焙煎《ばいせん》しているコーヒーは苦味があって、あまいものたちとの相性もぴったり。かつては「ニューワールド」の分の豆もこちらで焙煎していたそう。

おたまからボタッと落ちるほどタネはかため。やさしく手で広げ、鉄板でじっくりと焼き上げることで、ふっくらとした仕上がりに。

壁紙やカーテンは山本さんが継いでから新調したそう。

そんな話をしながら入口のほうに目を向けると、視界に入る通天閣の巨大な足。改めてすごい場所にお店とご実家があるものだとしみじみ。そのことを伝えると、「生まれてからずっとここで育ってるから、子どもの頃はそんなもんやと思ってたんですけど、よく人に言われるようになってから、確かにそうやなって（笑）。この区画内で人が住んでたのってうちだけなんですよ」と山本さん。通天閣の真下で写真館として活躍し、いくつもの時代を超えて、新たにこの街のシンボルとなった「ドレミ」。これからもその歴史を長く更新していってほしいものです。

◎喫茶 ドレミ

㊒大阪府大阪市浪速区恵美須東1-18-8
㊔大阪メトロ堺筋線「恵美須町駅」より徒歩3分、
または大阪メトロ御堂筋線「動物園前駅」より徒歩6分
㊎10:00～18:00（L.O.17:30）
㊡月（祝の場合は翌日）
☎06-6643-6076（予約不可）

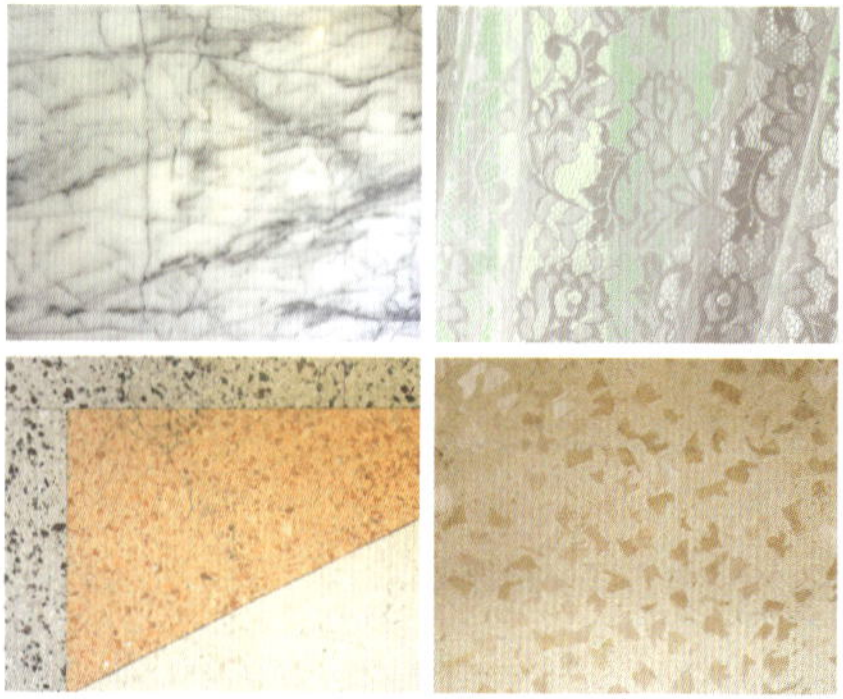

可憐な模様のレースカーテンやキラキラした天井、オレンジが際立つ床など、眺めるだけで愛おしい気分に。

レトロ喫茶と呼ばれる「実は…」な理由

開店当初は世の中の景気もよく、数年に一度は店内を改装していたようですが、「景気が悪くなりだしてからはいじれなくなっちゃって。だからたぶん、レトロやとか言われるんやろなって」と山本さんは笑いますが、そのおかげで、当時最先端でモダンだった雰囲気が今も変わらずに残っていることをありがたく思います。厨房とトイレは2023年に改装し、近年、若い女性客が増えたことを受けて奥様からの提案でお手洗いは和式から洋式に変わり、二つに増えたといううれしいニュースも。

丸みを帯びたフォルムが
かわいい朱色の椅子も
40年以上大切に
使われてきたもの。

梅田のど真ん中から宇宙へひとっ飛び
夢見心地で味わうあまい幸せ

プリンアラモード

自家製のプリンはかた過ぎずやわらか過ぎず、なめらかな口当たり。キウイやバナナが寄り添う中、紅一点のさくらんぼがチャームポイントに。

もし、私が大富豪として昭和の時代にタイムスリップし、自分の好きなように喫茶店を造れるとしたら、参考にしたいと真っ先に頭に浮かぶお店があります。それは、大阪駅前第1ビルにあって、２００もの席数を誇る大型店の「喫茶マヅラ」。インテリアの配色と、天井に貼られた鏡がたくさんの光を反射するせいか、よく「宇宙」に例えられるスペーシーモダンな内装が特徴的です。

創業者は、２０２３年5月に１０２歳6か月で亡くなられた劉盛森《りゅうせいしん》さん。１００歳を過ぎてもお店の前で「いらっしゃいませ」と元気に声を掛けていらしたため、訪れた多くの方はお姿を見たことがあるのではないでしょうか。「お父さんは仕事帰りに地下の飲み屋で一杯飲んで帰るのが楽しみやって言うて。もうお店に行けへんように

先代の名物マスター劉盛森さん。

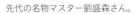

クレーターに覆われた月面を思わせる天井や輝く星のような照明が宇宙空間を彷彿《ほうふつ》とさせる。

なってからも寝言で、『いやあ、久しぶり』『じゃあ、一杯行きましょうか』って、夢の中でも楽しそうにしてたよ」と話してくださったのは、娘の劉由紀さん。

　貿易会社に勤務していた盛森さんですが、戦争が始まったことで仕事を失ってしまいます。疎開先の兵庫県川西市で終戦を迎えて、次は何をしようかと考えたときに喫茶店がいいのではないかと思い、「商売するなら大阪」と、大阪の玄関口であるこの土地を選んだそう。大阪駅前第1ビルができるよりずっと前の1946年に、盛森さんは現在の「マヅラ」の前身となる「名曲喫茶マヅラ」を開きます。ところが、大阪駅前第1ビルを設立することになって、その場所に元々住んでいた人たちが立ち退きを余儀なくされ、

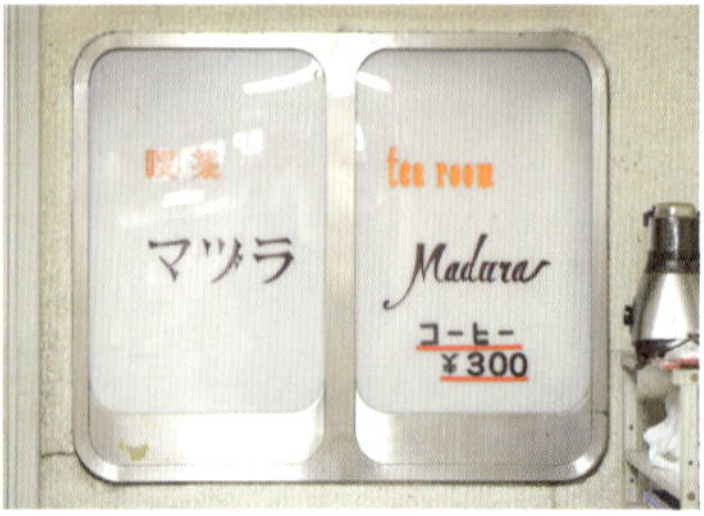

ビル内のあちこちで見かける「マヅラ」の案内。探してみるのも楽しい。

奥の空間はしっとり落ち着いた大人な雰囲気。重厚感のある黒壁と三角模様の壁が素敵。

お店があった場所も一度は更地に。そんな光景を前にして、盛森さんと、「マヅラ」の内装を手掛けた祖《そ》川《がわ》尚彦《なおひこ》建築事務所の祖川先生は、これからのことを楽しそうに話していたとか。それを見た由紀さんは「子どもながらに、すごい楽しそうやな、お父さんやる気満々やな思うたわ。もう次のステップに行ってるんやから」とうれしくなったそうです。

「マヅラ」といえば、まず視界に入る店内中央の円形ソファ。一般的な喫茶店は端の席が好まれることが多いですが、こちらではそこを目指してやってくる人も多いほど人気。真ん中にあるにもかかわらず、鏡や仕切りがある構造のおかげで、周りの視線があまり気にならないので落ち着いて過ごせる不思議な席です。「お父さんが、

水色のラインが印象的なパーティションなどで区切られ、人目を気にせずくつろげるのがうれしい。

手作りケーキ

月替わりで趣向の異なるチーズケーキが登場する。

フルーツサンド

『どこに座っても自分が王様になれるような楽しいお店にしたい』と言っていて。私も、お父さんと同じでどこの席も気に入っている(笑)」と由紀さん。経営する人たちのお店に対する愛情は、訪れた人たちにも伝わるものです。その証拠に、友人から尋ねられたときに、「マヅラ」へ行くことを勧めると、決まって「行ってよかった！」という言葉が返ってくるのです。

◎**喫茶マヅラ**

㊞大阪府大阪市北区梅田1-3-1
大阪駅前第1ビルB1F
㊔JR東西線「北新地駅」より徒歩2分
㊢喫茶9:00～20:30（土～18:00）
BAR17:00～23:30
㊡喫茶は日・祝、BARは土・日・祝
☎06-6345-3400（平日のみ予約可）

"二つで一つ"の不思議な空間

手前のスペースは、円形席を中心に開放的な空間が広がる。

「マヅラ」の内装で興味深いのは、手前のスペースと奥のスペースで、まったく雰囲気が異なるところ。意外にも先にできたのは、落ち着いていてしっとりとお酒を飲むのが似合うようなシックな奥の空間。それは1969年のことで、その1年後に完成したのが手前にあるスペーシーモダンな空間。「あの頃は、日々進化していく時代というか、自分の殻を破って新しいことに挑戦していく姿勢が素晴らしかった」と由紀さん。その結果、同じ方が設計されたにもかかわらず、現在のような二つの趣を楽しめる形に。今見ても絶妙なバランスで同居する空間たちを生み出したセンスに脱帽です。

重厚なバーカウンターを備える奥のスペース。

新世界の中心で
愛情あふれる手作りプリンを

プリン

先代であるお父様の時代に出していたメニューを復活。
自分の子どもが喜ぶ顔を思い浮かべながら試行錯誤した
というやさしい味わいに、思わず笑みがこぼれる。

喫茶 タマイチ

何度も訪れている大阪の中でも、もっとも「らしさ」を感じられる新世界周辺にはよく足を運びます。といっても、毎回通天閣に上るわけではなく、頻繁に動物園に入るというわけでもなく、次々と視界に飛び込んでくるものに活気を感じられるこの街並みをただ歩いているのが好きなのです。そんなときに休憩がてら立ち寄りたいお店の一つが、「喫茶 玉一」。通称「ジャンジャン横丁」と呼ばれる商店街の出入口にあって目立つため、誰もが気になるのか、外から店内の様子を眺めては扉を開けて入っていく観光客らしき人たちの姿をよく見かけます。

「今はもうない寺田町にあった店舗が本店で、現在も営業している福島の店舗は総本店、ここは新世界店」と教えてくれたのは、三代目を務める東田光喜《こうき》さん。「僕の祖父とその兄が最初に店舗を構えたところが、大阪城近く

店内へ一歩足を踏み入れると、賑やかな新世界のど真ん中とは思えないほど落ち着いた空間が広がる。

の東成区玉津1丁目らしくて。それで〝タマイチ〟って名付けられた」とのこと。のちに、お祖父様が支店として構えた新世界店を東田さんのお父様が譲り受け、その後、東田さんが三代目として引き継いだようです。先ほど名前が出てきたどの店舗も引き続き親戚関係にある方が営んでいるそうですが、詳しい事情については聞かないままお父様は亡くなってしまったとか。

　幼稚園児の頃から店に来ていて、高校を卒業してから本格的に働き始めたという東田さんは、生まれも育ちもこの場所。人種、文化、食といろいろなものがごった返していて賑やかな新世界の当時について、記憶を辿ってもらいました。「通天閣は昔からあって、もちろん観光地ではあるんですけど。場所柄、近くにある西成区は荒っぽい街というか、日雇いの人たちがいろいろな娯楽を求めて来るようなところで。仕事の合間に何回も来る人もいて、次から次へ人が来ては捌《は》けて、来ては捌けて……。今み

フルーツポンチ

フルーツをグラスいっぱいに詰め込んで。ビビッドな色合いに目を奪われる。

ホットケーキ

たいに純喫茶の空間を楽しむという感じではなくて、ひたすらコーヒーを飲みに来るところだったので、親父はいかに回転率を上げるかに必死になってましたね」。かつては、周りに家族経営のお店も多く、街を歩けば知っている人ばかりでしたが、今では企業で働く方や海外観光客のほうが多くなってきたといいます。

　そんな中、東田さんがＳＮＳで発信したことから火が付き、人気メニューとなったのがプリン。卵の味をしっかりと感じられるかためのもので、さくらんぼがのったかわいらしい見た目を、誰もが写真におさめていくそう。元からメニューにあったものの、お父様の時代に一度なくなってしまいます。その後、東田さんの「自分の子どもに食べさせたい」という想いから、当時の味を思い出し、改良を加えながら作り上げた一品です。週末になるとたくさんの人で混み合う中、「玉一」を続けていてよかったと思う瞬間は、お客さんから帰り際にい

ネーポン

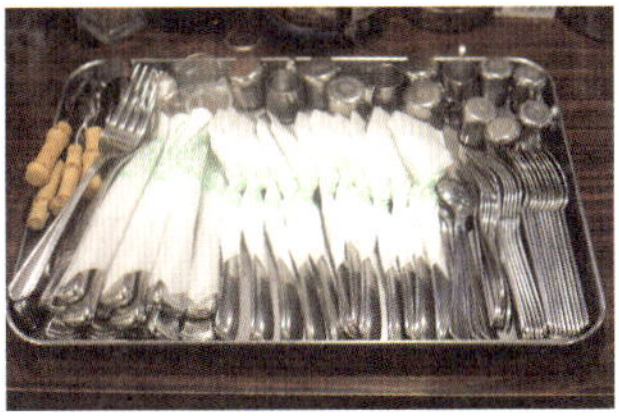

笑顔で迎えてくれた店主の東田さん。

ミックスジュース

「これは絶対！」と東田さんがこだわるりんごをはじめ、黄桃、みかん、そしてマンゴージュースを少し。さわやかな後味がいい。

ただく「おいしかった！」のひと言だそう。

一見シャイな印象を受ける東田さんですが、人が好きでお話上手な明るい方という印象でした。忙しくない時間帯でしたら、新世界についていろいろ尋ねてみると、ここで過ごすひととときがいっそう楽しい思い出になるかもしれません。ずっとここで暮らす人たちも、日々流れていく旅人も、そしてふらりとやってきた猫も、すべて受け入れて共存している街、新世界。あとからふっと思い出すのは、このような街にあるお店でコーヒーやプリンを味わいながらくつろいだ瞬間なのかもしれません。

◎喫茶 玉一

㊎大阪府大阪市浪速区
恵美須東3-4-1
㊐大阪メトロ御堂筋線
「動物園前駅」より徒歩4分
㊎9:00〜18:30
㊡火・水
☎06-6643-2309（予約不可）

未来の看板猫はちょっぴりシャイ？

話し込んでいる最中、ふと視線を感じてその方を見てみると、東田さんが友人から譲り受けたという猫の「ホウキチ」がじっとこちらを見ていました。とても毛並みがよく、目が大きいきれいな猫で、今はまだ人に不慣れですが、ゆくゆくは看板猫になってほしいそう。

最初は物陰から
様子をうかがっていたが、
取材も終盤になると
ようやく姿を見せてくれた。

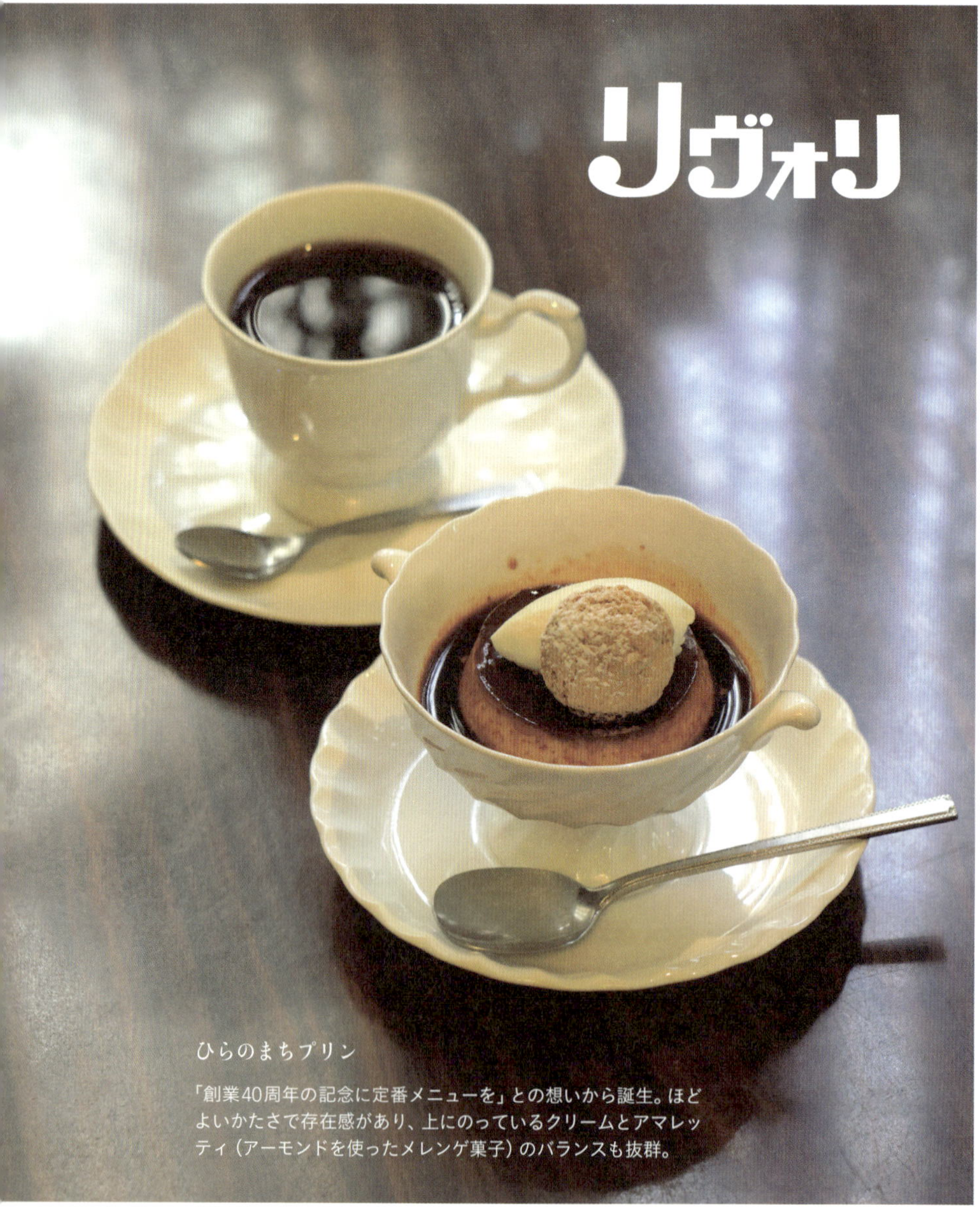

リヴォリ

ひらのまちプリン

「創業40周年の記念に定番メニューを」との想いから誕生。ほどよいかたさで存在感があり、上にのっているクリームとアマレッティ（アーモンドを使ったメレンゲ菓子）のバランスも抜群。

豊かなコーヒーの香りが漂う
クラシックな街角喫茶

手作りケーキや盛り付けが美しい週替わりのプレートなど、SNSで更新されるおいしそうなメニューの写真を見るたびに、今近くにいたならば……と思ってしまうのが、北浜にある「珈琲専門店 リヴォリ」。1982年に初代である堀敬治さんと奥様の真理さんが創業、現在は息子の和紀さんと三人で営むアットホームなお店です。

「リヴォリ」を始める前、セーターなどの製造販売を行う繊維会社を経営していた敬治さんですが、時代の流れとともに海外への委託生産が増え、ほかの職種への転向を考え始めた頃、思いついたのが喫茶店でした。とはいえ、「コーヒーとは無縁で。喫茶店に入ってもあまいものばっかり食べていて、コーヒーなんかほとんど飲まなかった」そうで、半年間ほど喫茶学校で学ぶことに。ネルドリップ、ペーパードリップと教わった結果、「見た感じが

手作りケーキ
チーズケーキ、チョコレートケーキ、シュークリームなどが日替わりで登場。和紀さん考案のあまいものメニューは「コーヒーに寄り添う味を意識した」とのこと。

コール・モカ・ジャバ

コポコポと音を立てるサイフォンを間近で眺められるカウンターは特等席。

かっこいい」サイフォンを選んだと言います。理科の実験のようなあの見た目が珍しいらしく、敬治さんがコーヒーを点《た》てる様子を興味深く眺める若い方や海外の方が多くいるそう。学校で習った粉の量、湯の量、時間などを、今もずっと守っているというのも敬治さんの誠実なお人柄を表しています。目指しているコーヒーは、酸味と苦味のどちらかに偏り過ぎない、自分が飲んでおいしいと思うもの。

　現在に至るまでの長い年月でもっとも苦労したのは、客足が伸び悩んだバブル崩壊後だったそう。それ以前は、近隣の証券会社に勤める会社員たちがひっきりなしに訪れ、ひと息つく暇もないほど。忙しかった半面、席の回転も早く、経営も潤っていてよい時代だったと言います。「今と全然違

うのは、何人かで来られて一人が『ホット』って言うと、『私もホット』って。だいたいまとめて同じものを頼んでいたけど、今はそれぞれが違うものを。その辺が苦労していますかね(笑)」と真理さん。その話から思ったのは、現在ほどは「食」に重きを置かれず、あくまでも集う「場所」として利用されていたであろう喫茶店の存在意義について。

　だんだんと来てくれる人たちの層も変わり、現在は周辺の住人や国内外問わず旅行者が増えて、朝から晩まで忙しい日々を送っているそうです。いろいろなことがありながらも、都度その波に乗って、真摯《しんし》に対応されてきた結果が現在の繁盛につながっているのだと思いますが、真理さん曰《いわ》く「私らが働けるのはお客さんが来てくれる

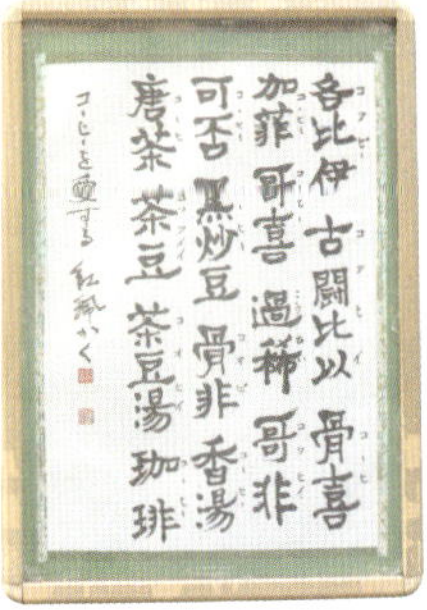

からです。こうやって店に出てきて、いろんな方としゃべることができているから、自然と力が出るんちゃうかなって気はします。皆さんせっかくここへ来てくれてはるんやから、いい時間を過ごしていってほしいですね」と、人に恵まれていることを心から感謝される謙虚さ。

　昭和、平成、令和と駆け抜けて、今もたくさんの人々に求められている「リヴォリ」。これからもご家族で支えあって、おいしいコーヒーとはっと驚くクオリティの高い食事で、訪れる人たちを末永く幸せな気持ちにしていってほしいと願うのです。

◎珈琲専門店 リヴォリ

㊟大阪府大阪市中央区平野町1-8-5
㊎大阪メトロ堺筋線「北浜駅」より徒歩3分
㊒7:00〜18:30（L.O.17:30）
　土7:00〜14:00（L.O.13:00）
㊡日・祝
☎06-6222-4877（予約不可）

流星のごとく現れた若き救世主

元々フランス料理のシェフをしていて、フランスにも暮らしていたという和紀さんが「リヴォリ」を継いだのは今から10年ほど前のこと。「この仕事もなかなか大変ですし、せっかくフランス料理をやっているのだから、和紀はそっちでやってくれたらええわっていうのが基本的な考えでしたから」と、両親からは継いでほしいという話をされたことはなかったようですが、店の売り上げが右肩下がりで困っていた頃に、和紀さんの家庭の事情が重なって、まるで救世主のように合流する流れに。冒頭に書いた、レストランで出てくるような繊細で美しいメニューたちは、それまでに培ってきた経験が十分に活かされていて、食べる人たちを笑顔にしています。和紀さんのメニューに対しての入れ込みようは強く、朝から深夜まで働き詰めのことも多いようで、真理さんとしては体を壊さないかどうかが心配ごとの一つだそう。

列車の音が鳴り響く
高架下の隠れ家で、
なめらかプリンに心まで満たされる

YC特製プリン

5年ほど前に風味ややわらかさにこだわってリニューアル。カラメルも含めてすべて手作りで、今では「YC」を代表するあまいものとして知られている。数量限定のためお早めに。

梅田駅直結といえる近さの、100店もの飲食店が軒を連ねる新梅田食道街にある「梅田珈琲館YC」。扉を開けたらすぐに店内なのではなく、西洋アンティークが飾られている、まるで美術館のような階段から始まるというユニークな造り。「1階は別の店舗がありますのでこのようになっています」と教えてくださったのは、勤続約20年で統括マネージャーを務める高橋克則さん。三代目で代表取締役社長の山本亮介さん、店長の臼田稚菜さんとともににこやかに迎えてくれました。

「YC」の創業者は、山本さんのお祖父様。ほかの喫茶店にも多々卸している「山本珈琲」の経営者で、アンテナショップ的な役割として誕生したのがこちらだそう。「当時まだ戦後まもなくで、今後はコーヒー商売が伸びていくだろうと予測して、焙煎《ばいせん》から始めたそうです」と山本さん。今では、言うまでもなく繁華街として知られている梅田エリアですが、昔は田んぼばかりだっ

洞窟を思わせるアーチが印象的な内装のイメージは、船内やドイツの古民家など諸説あるそう。ときおり、頭上から聞こえるゴトンゴトンという列車の音も心地よい。

たというこの土地を選んだのは、先見の明があったからに違いありません。１９６８年にここから始まり、近くに「ニューＹＣ」、京都、奈良、そして２０２３年には大阪・八尾市にも店舗ができて、今や５店舗となりました。

「元々は、まったく違った業種で会社員をしていて、飲食業界ではアルバイトさえしたことがなかった」という山本さん。山本さんの立場はあくまで経営者ですが、対面での仕事がメインになってくる飲食業に携わるというのは大変なことも多く、周りの人たちに助けられていると言います。二代目であるお父様からは、継ぐにあたって特に細かく言われない代わりに、現代に合わせて対応していかなければならない部分の改革などを任せられているようです。例えば、今では「ＹＣ」の看板メニュー

にもなったプリン。以前にもあったものの、現代人の味覚に合わなくなってきたことを理由に、しばらくメニューから消えていましたが、数年前に復活させたそう。山本さん自身が「おいしい」と思えるまで、何度も試作を重ねて今に至ります。

　梅田の真ん中で継続していくというプレッシャーに向き合いながら、これからどのようにしていきたいかを尋ねると、「今あるものを大事にして、これまで重ねてきたものを守っていきたい。新しく作ろうと思っても、なかなか作れるものじゃないのでね。都会の喧騒から離れて、落ち着いた心地よい空間っていうのがモットーであり、目指しているところです。店として成り立たせるためにも、近年の物価高や地価の高騰に応じて、必要なところは値上げするなどうまく対応していかない

と」と山本さん。一方で「自由にのびのびとやらせていただいています」という安心感があるベテランの高橋さん、「毎日いろんな方が来られるのでコミュニケーションが楽しい」とまだ3年目にしてすでにこちらの顔になっている様子の臼田さん。やってくるお客様はもちろん、働く人たちもいい表情をしていたのが印象的で、それこそが「YC」がよいお店である証しなのだろうと思うのでした。

◎梅田珈琲館YC

所大阪府大阪市北区角田町9-21
新梅田食道街内
行阪急「大阪梅田駅」より徒歩すぐ
営7:00～23:00
（フードL.O.22:00、ドリンクL.O.22:30）
休無休
☎06-6313-4462（予約不可）

オムレツサンド

卵を5個も使ったぜいたくな名物サンド。コーヒー（マイルドorアメリカン）をセットにすると豪華なポットセットでサーブされるのもうれしい。

珈琲ゼリーパフェ

ゼリーは「山本珈琲」のマンデリンを使用し、苦味を活かした大人好みの仕上がり。

その空間は、時を経て美しくなる

角田町

梅田珈琲館 YC

山本さんもおっしゃるように、今では同じものを作るのはむずかしいであろう内装は、山本さんのお祖父様が船内やドイツの古民家、アウトバーン（高速道路）沿いにある飲食店など多数のイメージからデザインされたもの。創業時に質のよい素材を使ったインテリアをそろえたからこそ、経年がマイナスに働かず、むしろ時を重ねるごとに味わいが増して美しく映るのでしょう。お金では決して買うことのできない、長い歴史のある純喫茶ならではの魅力の一つだと思っています。

▲ダークブラウンが映える化粧室の扉もアーチを取り入れたデザインに。

味わい深い壁には、ともに時を刻んできたであろう大きな古時計が。

column 1

マッチコレクション

今では
希少な存在となった
純喫茶のマッチ。
色使いや
ロゴのあしらいなど、
小さな箱に
お店ごとの個性が
ギュッと
詰まっています。

喫茶ニューワールド

P.194

今では紫がお店のイメージカラーであるものの、昔はマッチと同じく黄色の看板を掲げていたそう。(○)

トロイカ＆リビエラ

P.126

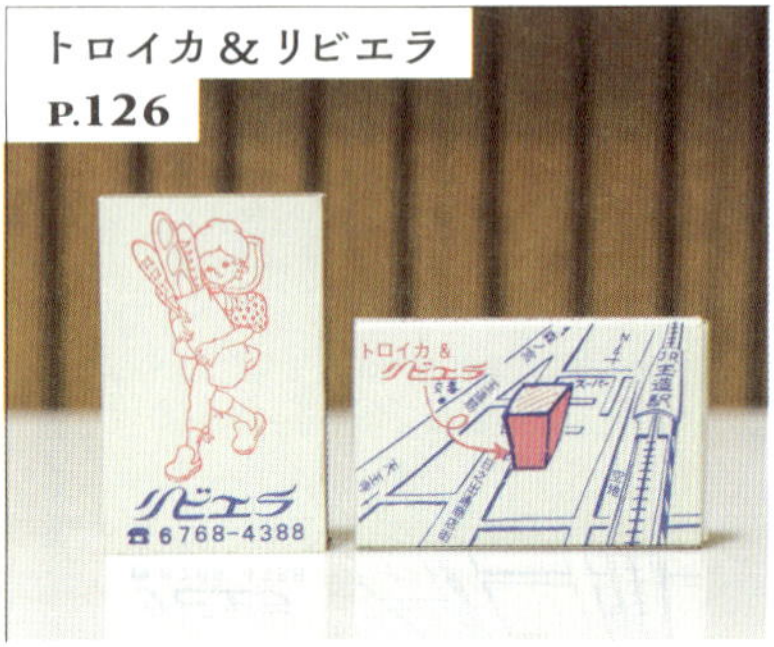

フランスパンを抱えたリビエラちゃんの幸せそうな表情が印象的。裏側にはお店の地図が。(○)

純喫茶スワン 阿倍野店

P.40

羽を休めるスワンが凛として美しい。青と赤で縁取り、まるで１枚の写真のような仕上がりに。(×)

喫茶 ドレミ

P.6

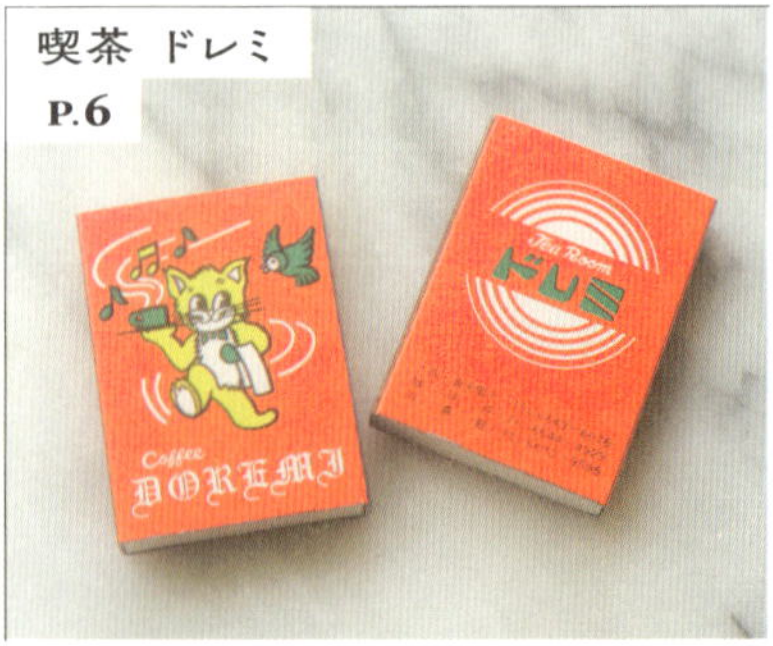

今にも踊りだしそうなウエイター姿の猫が主役。明るい色使いで陽気さも伝わってくる。(○)

※マッチの配布状況：(○)在庫がある限り配布中。(×)配布なし。

珈琲苑 水車
P.182

漆黒ベースにゴールドのロゴが映える。横文字で表現した「Suisya」もクール。(○)

コーヒーサロン チロル
P.188

ヨーロッパの絵画作品のように色鮮やか。耳を澄ませば楽しげなおしゃべりが聞こえてきそう。(○)

オーシャン
P.52

琥珀《こはく》色の店内を思わせる茶色の箱に１隻の帆船。大海原を気ままに航海中？と想像が膨らむ。(×)

伊吹珈琲店
P.170

朱色でツタをあしらった上品なデザイン。電話番号の下４桁「オイシイ（0141）」は今も変わらず。(×)

珈琲館ビクター

P.64

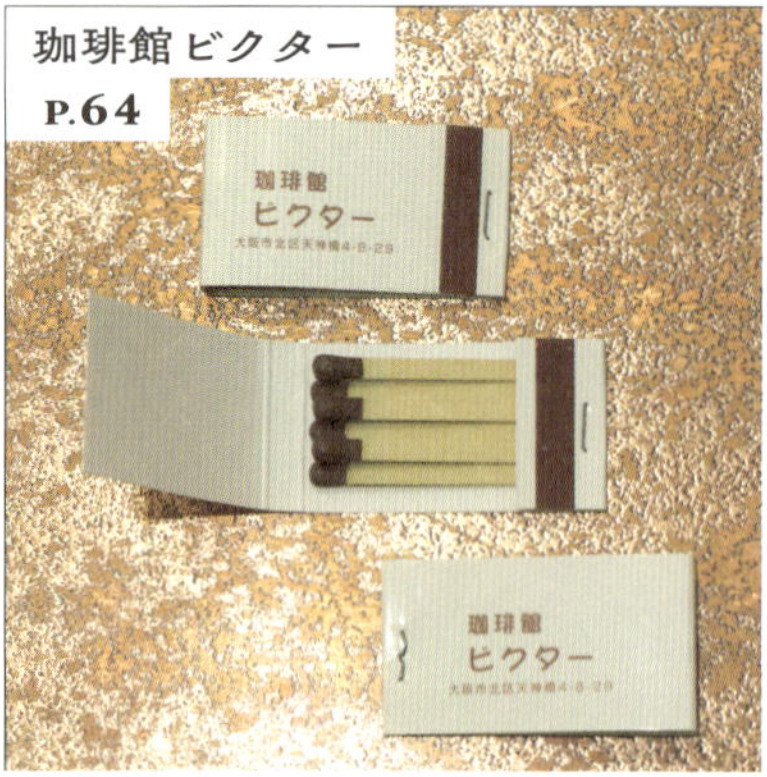

白無地のカバーに店のロゴを入れたシンプルなタイプ。茶色の頭薬はコーヒー豆を思わせる。(○)

純喫茶 コーヒールンバ

P.98

最近では目にすることが少なくなったブックマッチ。ルンバのごとくエレガントなロゴがいい。(○)

喫茶ルプラ

P.74

旧店名「グッチ」時代に作成されたもの。音楽好きな先代らしくさまざまな楽器が描かれている。(○)

喫茶 RiO

P.132

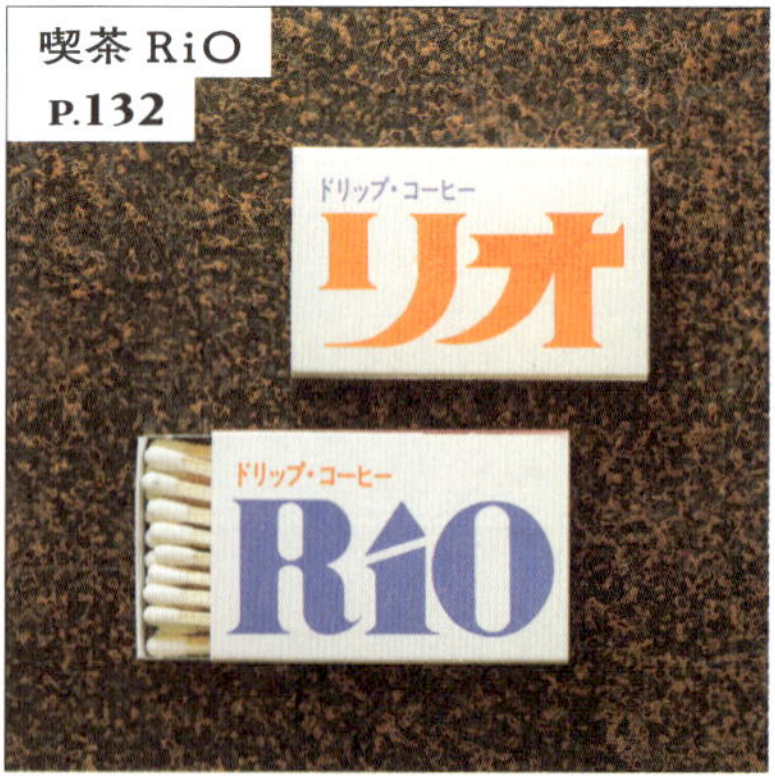

森本紀久子氏によるロゴを大胆に配置。オレンジ&青色が店先のファサードを彷彿《ほうふつ》とさせる。(×)

パフェ／サンデー

きらりと光る緑色のゼリーに誘われて
天国のような憩いの場で羽を休める

ドリームサンデー

主役のプリンを挟んで、アイスクリームが2種類、メロン、バナナ、みかん、さくらんぼ、そして、たっぷりのホイップ……とあまいもの好きにはたまらない“夢”を詰め込んだ一品。あまいものメニューには必ず緑色のゼリーを添えるのが「スワン」のお約束。

tea room

スワン

純喫茶スワン　阿倍野店

２０２３年に東京の「麻布台ヒルズ森ＪＰタワー」ができるまで、日本一の高層ビルとして話題となった２０１４年開業の「あべのハルカス」。再開発による高層ビルの増加でがらりと街並みが変わった阿倍野界隈ですが、「以前は商店街が軒を連ねるのどかな風景が広がっていた」と教えてくれたのは「純喫茶スワン 阿倍野店」の川﨑豊子さん。

２０１１年に開業した「あべのキューズタウン」の向かいにあり、路面電車が走る道路を窓から眺められるビル丸ごとの純喫茶です。

「タイムスリップした感じですよね。久しぶりに来てくれた人からは『まだ頑張ってるんですね』ってよく言われます（笑）」。現在、阿倍野と京橋に２店舗ある「スワン」ですが、再開発のため閉店してしまうまでは上本町にも一軒あったとのこと。豊子さんの旦那様である茂さんのご両親が創業して約50年が経ちました。「スワン」という店名は、この土地を購入したときに前の持ち主が営んでいたお店の名前が「白鳥」だったことから名付けら

至るところにスワンが。

扉を開けると、開放感ある吹き抜けの空間が広がる。

れたものですが、茂さんとの結婚を機に、初めて大阪に来たという豊子さんの出身地が香川県の白鳥町（現・東かがわ市）だったため、不思議な縁を感じたそう。接客業は初めてのことで戸惑うことも多かったといいますが、人手が足りないときは現在も店に立ち、茂さんは阿倍野店と京橋店を行ったり来たりする働きぶりです。

　終始、穏やかな空気をまとい、やわらかな口調でお話ししてくださる豊子さんですが、コスタリカ、アラスカ、アイスランドをはじめ、今までに40以上もの国を旅したというアクティブな一面も。目的は美しい鳥の写真を撮ることで、大きなカメラを担いで一人でどこまでも行くそう。「鳥は生きているものだから必ずそこにいるとは限らないし、行っても見られないか

もしれない。だからこそ、出合えたときの感激がひとしお。それがいいんです」。若い頃はCAを目指していたそうで、形は変わったものの当時からの「空を飛びたい」という願いを叶えているようです。海外に行くことを日々働く寄りどころにしている豊子さんの撮った写真は3階に飾られていますので、近くの席を利用した際にはぜひご覧ください。

　嫁いだ先の店名、ご自身の出身地の地名、そして現在の趣味と、何かと「鳥」に縁がある人生。「いろいろな人と話すのが楽しい。家でじっとしているよりは動き回っているほうが好き」という言葉から、物静かな方という第一印象とは勝手ながらギャップを感じていたのですが、いくつもの作業を同時進行できる頭の回転の速さや、さまざまな気配りが必要とされる喫茶業を何十年もこなしてきたのですから、まだまだ知らない魅力がたくさん隠されていることでしょう。時とともに変わっていく街並みのように、通うごとに知っていく楽しみというものもいいな、と思ったひとときでした。

◎純喫茶スワン 阿倍野店

㊎大阪府大阪市阿倍野区阿倍野筋1-3-19
㊔近鉄南大阪線「大阪阿倍野橋駅」より徒歩すぐ、または大阪メトロ各線「天王寺駅」より徒歩2分
㊒11:00〜21:00（金・土〜22:00）
㊡無休
☎06-6624-4337（予約不可）

「休日はカメラを持って喫茶店巡りをすることもある」と豊子さん。

ハルカスワッフル
「あべのハルカス」との公式コラボメニュー。自家製ワッフルにバナナやみかん、アイスクリームなどをのせて賑やかに。

愛煙家の止まり木

すべてのテーブルに灰皿が置かれている。

1階、2階、3階を合わせると150と豊富な席数ですが、そのすべてが喫煙可能。今はたばこを敬遠する人も多く、私も決して得意ではないですが、昭和の時代に喫茶業界の売り上げを支えていたのは、たばこを吸うために一日に何度もお店にやってきていた人たちであることも否めないと認識しています。その方たちの存在がなかったら、現在これだけの数の純喫茶が残っていなかったかもしれないと思うと、吸う方たちの権利も尊重されるべきだろうと思うのです。実際、阿倍野周辺でも喫煙できる場所は極端に減ってしまい、常連客からは「ここは天国だ」と言われているそう。

眩《まばゆ》いステンドグラスに見守られ、
王様気分で味わうパフェ

チョコレートパフェ　ざくざくした食感が楽しいチョコチップがたっぷり。オレンジ、パイナップル、バナナ、キウイなどバランスのとれた盛り付けが美しい。

一度見たら忘れられないインパクトのある壁が印象的。

King of Kings

外側から見ると、変わった模様の柄の壁だと通り過ぎてしまう人もいるかもしれませんが、一歩中へ入ると、眩いばかりに輝く何色ものステンドグラスに圧倒される「Ｋｉｎｇ ｏｆ Ｋｉｎｇｓ」。大阪駅前第1ビルにあり、すぐ近くにある「喫茶マヅラ」（Ｐ．12）とは姉妹店です。お話を聞かせてくださったのは、「マヅラ」と同じく創業者である劉盛森《りゅうせいしん》さんの娘の由紀さん。

ステンドグラスの向こう側を誰かが歩くとシルエットとして見えるのもきれいで、数えきれないほどのガラスタイルを一つひとつ埋め込んである、作品といってもいい壁。「宇宙」をテーマにしているそうですが、「マヅラ」と統一したわけではなく、当時の大阪万博の影響もあって流行《はや》りだったのではないかとのこと。「このステンドグラスを作ったのは、

曲線を主としたインテリアでまとめられ、テーブルや椅子、天井のデザインや空間の仕切りもやわらか。

このビルを設計した東畑建築事務所に紹介してもらった沼田修一先生。店がビルの中にあるから、朝から晩までずっと明るいでしょ？ その光を利用する方法を考えて『ステンドグラスを使うのはどうか』って沼田先生が思いつかれたのだけれど、ものすごい費用がかかる、と。それでもダメ元で『こんなアイデアがあるんですが……』ってお父さんにおそるおそる相談したら、『よし、君の思う通りにしたらええ。思う存分やってくれたまえ』って（笑）」となんとも太っ腹なやり取り。

それもすべて、「Ｋｉｎｇ ｏｆ Ｋｉｎｇｓ」にやってくるお客さんたちを喜ばせようと考えた上でのことでした。盛森さんは、喫茶店はどうあるべきか、どんな風にしたらお客さんを癒やすことができるか、一杯のコーヒーを飲んでホッとできる

喫茶の隣にバーが併設してあり、このカウンター席からちらりと見えるステンドグラスがまた素敵。

か、などを常に考え、大学ノートを1冊使って「喫茶店とはなんぞや」を書き留めていたそう。それを設計者にも伝え、聞いたその人がどうイメージするかを委ねた結果できた空間だとか。お金のことよりも、わくわくする気持ちを優先したい、というところが大胆かつ素敵です。

　また、クリームソーダやナポリタン、パフェなどの喫茶メニューも多数そろっていますが、お酒を軽く嗜《たしな》むのにいいムードでもあるため、由紀さんが薦めたいのは、「オール

ドパー」というスコッチウイスキー。最近では、若い方たちもそれを飲みに訪れるそうです。以前、祖父の日記を読んだ青年が、自分の生まれた日のページに「Ｋｉｎｇ ｏｆ Ｋｉｎｇｓで飲んで楽しかった」と書いてあったのを見て、気になってこの場所へやってきたというエピソードも。お祖父様に手招きされたかのようななんともロマンチックな話ですが、それもお店がずっと続いていてくれているからこそ成せることなのでしょう。扉が開いている限り、いろいろな人がやってきては去り、思い出や時間が積み重なっていく場所。

「長いこと商売していると、そんな話もいっぱいある。いろいろな人に会えてこんな楽しいことはない！」と明るい表情で笑うそんな由紀さんに会いたくて、新幹線が新大阪駅に到着する少し前からいつもこの場所のことばかり考えてしまうのです。

ソーダ水

メロン、ブルーハワイ、ヴァイオレット、ストロベリーと色とりどりで、ステンドグラスとのコラボが映える。

「お父さんが残してくれたこの空間は財産そのもの」とうれしそうに話してくれた由紀さん。

◎ **King of Kings**

㊎大阪府大阪市北区梅田1-3-1
大阪駅前第1ビルB1F
㊔JR東西線「北新地駅」より徒歩2分
㊖12:00～23:00
㊡日・祝
☎06-6345-3100（予約可）

グランドピアノの思い出

たまに行われるグランドピアノの生演奏もこちらの名物。音楽や絵画などの芸術を好んだ盛森さんが自分の子どもたちにもピアノを習わせようとしたことがあったそうで、ある日、由紀さんが学校から帰ってきたら、クレーンを使って自宅の2階の窓からグランドピアノを入れる瞬間に出くわして「空にピアノが!」と驚いたことも。

ピアノのそばの席は
店内の全景を見渡すことができる
特等席でもある。

ビル巡りで出合った琥珀《こはく》色の純喫茶
純白のパフェに心惹《ひ》かれて

プリンパフェ

ボディをバニラのアイスクリームでシンプルにまとめた清純派。カスタードプリンがトップを飾り、さくらんぼ、パイナップル、りんご、みかんが控えめに彩りを加える。提供は13時から。

喫茶
オーシャン

初めての街ではなかなか難しいかもしれませんが、何度か訪れている地域での旅のお薦めは、古くからあるビルの探索です。東京であれば、美しいモザイク壁画のある有楽町の東京交通会館、エメラルド色のタイルを見ながら乗降できるエスカレーターが楽しいニュー新橋ビルなど。オフィスが多数入っている大きなビルであれば、下の階のテナントに飲食店が入っていることも多く、そこでは素敵な純喫茶に出合える可能性が高いのです。

大阪ならOsaka Metroの中央線と堺筋線が交差する堺筋本町駅に位置する船場センタービル。1～10号館があり、「繊維とファッションとグルメの街」として知られています。地下街にはさまざまなジャンルの飲食店が軒を連ね、入館制限はなく誰でも利用できるのです。その中の一つ、3号館の地下2階にあるのが「オーシャン」。スモークがかかった黒いガラスとレースのカーテン越しに見える店内の様子はどこか妖艶な雰囲気ですが、一歩入るとそこには落ち着いた琥珀色の空間が広がっています。

ご自身が生まれた翌年にオープンしたという

「オーシャン」を、35歳のときにご両親から継いだのは、坂田晶彦さん。中学生の頃から手伝いをし、そのまま働くこととなったそう。すでにベテランともいえる域ですが、「いつまでも半熟ですね」と謙虚な様子。

船場センタービルが開業した1970年、周りにはほとんど飲食店がなく、お客さんが来るかどうかもわからない手探りの状態で始めたそうですが、入れ替わりが激しい中で55年経過した現在も続いているということは、お父様に先見の明があったことと、坂田さんの日々の努力の成果なのではないでしょうか。

よく聞かれる店名の由来については、ご両親もわかっていないとのこと。坂田さん自身も「特にこだわりはなく、毎日穏やかにやっているだけ」とおっしゃいますが、「ただ、ソフトよりもハードを」という言葉

同一トーンでまとめられた艶めく壁、椅子、床が一体感を生み出す美しい空間。

左）バナナジュース
右）フルーツサンドウィッチ（提供は13時から）

から始まった話が印象的でした。「ここの環境を気に入ってくれているお客さんは『いつまでも変わらないね』って言うんですけど、少しずつは変わっているんですよ。でも、そんなことは気にならないくらい、いつ来ても落ち着ける空間がここにはあって。コーヒーがおいしいというよりは、居心地のよさがコーヒーをおいしくしてくれているのかなと思いますね。そういうところが変なこだわりです」。まったくその通りで、純喫茶という空間は、ただ飲食をするためだけではなく、そこにいるわずかな時間、テーブルの周辺という「居場所」をお貸しいただくものであると私も常々思っています。

一見飄々《ひょうひょう》としているように見える坂田さんですが、ここのところ頭を悩ませているのは、2025年4月から大阪全域の飲食店で実施さ

オーシャンセット

サンドイッチ、プリンかサラダ、ドリンクがセットになった15時までのメニュー。

ヨーグルトが主役のヘルシーなグラスデザート。大きなグラスにたっぷり詰まっているので、さっぱりした味わいなのに満足感あり。

ブルーベリーヨーグルト

れる全面禁煙化。「オーシャン」にやってくるお客さんには喫煙者が多いため、廃業するか、それとも喫煙を維持するために敷地面積を縮小するかを熟考した結果、見た目をあまり損ねない範囲で店内を衝立《ついたて》で区切り、現在の3分の2ほどの広さにすることで営業を続けることにしました。苦肉の策ですが、長年通ってくれたお客さんのことを考えて、これからも喫煙可能店としてやっていくことを決意したのです。それに加えて、今まで従業員を雇っていたところ、それもやめ、これから奥様と二人三脚で頑張っていくそうです。あるものをすべて受け入れて、自分が無理なくできることをやっていく、というその姿勢は、生きる上でのヒントにもなると思うのでした。

◎オーシャン

㊖大阪府大阪市中央区船場中央1-4-3 船場センタービル3号館B2F
㊔大阪メトロ中央線「堺筋本町駅」6・7番出口より徒歩3分
㊢6:40〜18:00（土は〜16:00）
※食事・デザートメニューは11:00〜（一部13:00〜）
㊡日・祝
☎06-6271-6312（予約不可）
※価格改定により、メニュー表の価格（撮影当時）が実際と異なる場合があります。

くつろぎの空間を創り出す愛すべきもの

中で働く人にとっては見慣れてしまっている風景だからか、その魅力についてこちらが語ると怪《け》訝《げん》な顔をされることも多いのですが、歴史あるお店の中には時間を重ねた素敵なものがたくさん。例えば、ミラーボールと間違えられるという、いまだ現役のビクター製の球体スピーカー、店内中央で煌々《こうこう》と輝くシャンデリア、ここで過ごす人たちの時間を静かに支える艶々した1本足の椅子、積み上げられた時間だけがつくることのできる壁の色も。

駄菓子屋の奥に
ひっそりともる灯りの中で
童心がよみがえる
懐かしいあの味を

ソフトクリーム

神戸の六甲牧場から届くソフトクリームは、新鮮で濃厚な味わい。
大きな口でほおばると、口の端っこにクリームがつくのもご愛敬《あいきょう》。
ワッフルコーンに変更することもできるのでお好みで。

HAKUSENDO

白泉堂

下校時刻であろう15時過ぎ、小学生たちの賑やかな声が聞こえてくる「白泉堂」の店先。活気ある城東中央商店街の一角に所狭しと並んだ駄菓子やおもちゃを手に取っては、友だちとはしゃいでいる様子を見て思わず目尻が下がります。会計を終えるたびに「ありがとー！」と響き渡る元気な声の主は、二代目の髙柳明弘さん。「氷菓子から氷をとって菓子にしたんです。氷屋さんから駄菓子屋さんに」。元々はアイスクリームを卸す企業で営業として働いていましたが、会社が倒産したタイミングで両親の店を継ぎ、現在は奥様の貴和美さんと一緒に守っています。元の店名表記は「白線堂」でしたが、「見た目がきれいだから」という理由で「白

オレンジ色の扉の向こうに喫茶空間が。秘密の扉を開くような感覚に胸が高鳴る。

泉堂」に変更、やってくる子どもたちは「ハクション堂」と呼んでいたというかわいらしいエピソードも。

1970年の創業で、大阪万博にあった建物を彷彿《ほうふつ》とさせるようなスペーシーな空間。髙柳さんのお父様である先代が当時万博開催に携わっていたこともあって、近所の中村建設工務所にそのイメージを伝えて造られたものだそう。U字型のカウンターと頭上で光るカラフルなランプたち、鮮やかなエメラルドグリーンの椅子の組み合わせは一度見たら忘れられないほどのインパクトです。過去に一度だけ改装されていて、当時の椅子は扉のアクリルと同じくオレンジ色だったとか。

先代の頃は、焼きそば、サンドイッチ、ピラフ、おにぎりなどもあったそうですが、現在はいか焼きとおいしいソフトクリームがメイン。とはいえ、一年中食べられるかき氷や、ソフトクリームと

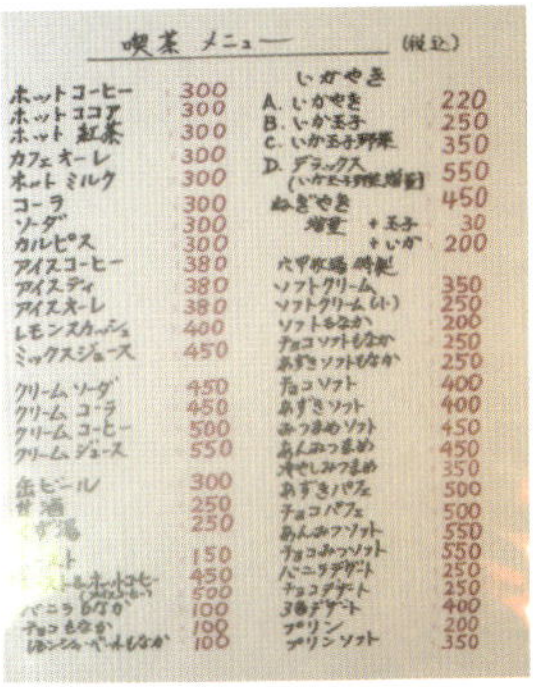

バニラアイスから選べるクリームソーダなど、大人も子どもも、どれにしようか迷ってしまうこと間違いなしの豊富なメニュー数です。また、店先で売っているオリエンタルベーカリーのパンや駄菓子を買って店内で食べることが可能、というお店の近所の人たちを羨ましく思えてしまうサービスも。

「ここは会員制だから知ってる人以外来ないよ（笑）」と冗談交じりに話してくれたのは2019年でしたが、2020年にOsaka Metroの「純喫茶めぐり」パンフレットに掲載されたことなどをきっかけに、日に3回やってくるという常連客だけではなく、遠方から訪れる人や若者も増え、日々賑わうようになったのだとか。「一応老舗なんで、なんとか潰さないように頑張らないとって思ってはいるけど、私たちの代で終わりです。周りのお店も跡継ぎがいなくてやめていってしまう」と寂しそうな表情を見せた貴和美さん。遠足のおやつを買いに200円を握りしめてやってくる子どもたち、明弘さんや貴和美さんと話がしたくてやってくる近隣の人たち、いか焼きに口元を緩ませる旅人たちのためにも、「シンプルにおいしく」をモットーに、おなかがすくような香ばしい匂いを少しでも長く、店先から漂わせていてほしいと心から願うのです。

バニラもなか

テイクアウトでも人気だというペンギンの絵がかわいらしい一品。「サクサクした状態で食べてほしいから」と、注文ごとにアイスを詰めるひと手間も。

あずきソフト

創業当時の味を引き継ぐ人気のメニュー。艶のための水あめや甘味料を加えず、上白糖のみを使用して炊くという自家製のあんがたっぷり。

◎白泉堂

㊢大阪府大阪市城東区今福西1-9-27
㊮大阪メトロ長堀鶴見緑地線
「蒲生四丁目駅」より徒歩4分
㊪9:00〜17:00
㊡日
☎06-6931-4894（予約可）

クリームソーダ

店頭で焼き上げる大阪ならではの名物

大阪やったら誰もが知ってる阪神百貨店のいか焼きを焼いているお兄ちゃんが『自分とこよりおいしいです』って言うてくれた（笑）」といういか焼きは、創業時からあって一日に50枚ほど出る看板メニュー。かつおからとっただしを使用したこんがり焼けた熱々の生地にちょっぴり辛口のソースとマヨネーズがかけられています。一時メニューから外そうと考えていたこともあったそうですが、遠方からわざわざ買いに来る人たちがいるため今もやめられずにいるそう。駄菓子売り場から声がかかる度に明弘さんがその場で焼いてくれるスタイルもうれしい。

人気のいか玉子。
だしの味を楽しむために、
ソースやマヨネーズを
かけずにそのまま
食べる人もいるとか。

珈琲館ビクター

年齢、出身、目的を問わず、さまざまな人が同じ空間で過ごしているのも純喫茶のよいところです。日本一長い商店街として知られ、その距離は南北2・6㎞にもわたるという天神橋筋商店街。1丁目から7丁目まで、いろいろなジャンルの店が立ち並び、純喫茶の数もたくさん。以前、大阪を訪れたときに端から端まで歩き、6時間以上かけて13軒の純喫茶で飲食を楽しんだのはいい思い出です。

その中の一つ、いつ通り掛かっても賑わっているのが「珈琲館ビクター」。一客として何度もお邪魔していますが、今回お話を聞かせてくださった二代目の平川健児さんにお会いしたのは初めてのことでした。「この土地は後にきっと伸びる!」と見越して商売の街である天満を選んだのは、創

珈琲館ビクター

日本一長い商店街をぶらぶらしたら、みずみずしい豪華なパフェでひと休み

フルーツパフェ

オレンジ、グレープフルーツ、キウイ、りんご、パイナップル、ピーチ、みかん、バナナ、さくらんぼ……と、フルーツがてんこ盛り。緑のシロップやアイスクリームなどが織りなす層が美しい。

店名はレジ横に鎮座する犬の置物が示すレコード会社に由来するかと思いきや、平川さん曰く「おそらく関係ない」そう。

業者である平川さんのお母様。何度か改装はしているものの、基本的な間取りはそのままで、こちらのシンボルマークともいえる大きなステンドグラスは30年ほど前に取り付けられたそう。デザイナーの方と打ち合わせして作ったという空間は、半地下、1階、2階からなり、清掃の入る時間帯を除いて基本的には好きな席を選べるというのがうれしいところ。一番人気があるのは2階だそうです。
平川さんが継いだのは、大学を卒業してすぐのこと。幼い頃は、家業が喫茶店であることについて、「喉渇いたらコーラ飲めるわ」くらいの感覚だったようですが、その頃から

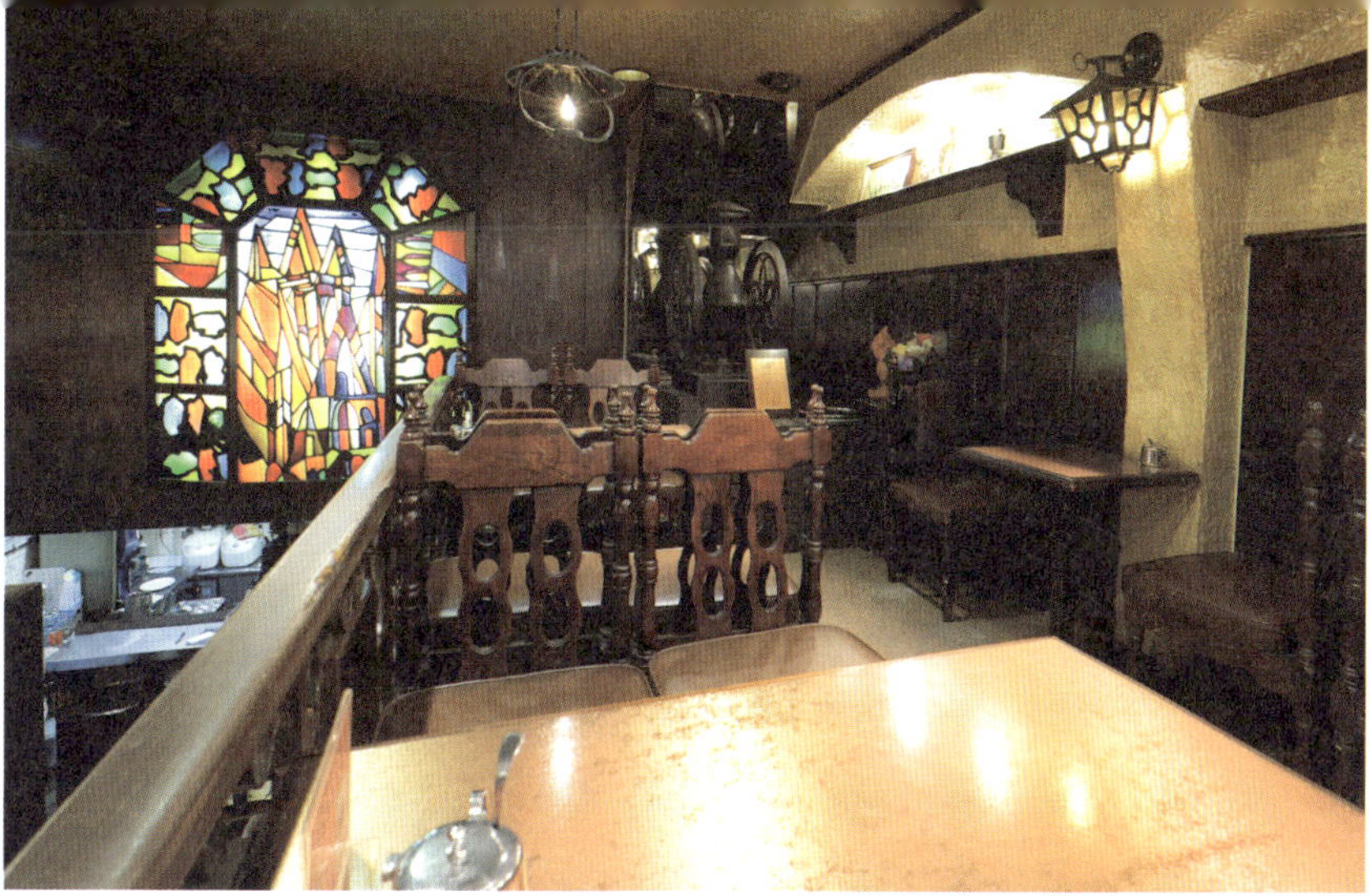

ステンドグラスがちょうど目線の高さにくる2階の席が人気。

頭のどこかで継ぐことを意識されていたのか、学生時代には梅田の食堂街にある喫茶店でアルバイト経験も。そこから40年以上が経過し、十分に素質があったといえる平川さんに、喫茶業の楽しさや大変さについて聞いてみると「両方ありますね」との答えが。「楽しいのは、いろんな人と出会えることや、『思ったより豪華だった!』『この値段ですごい!』などの反応をいただけること。大変なことは、例えば、お客様がオーダーを間違えたとしてもこちらの主張をせずに柔軟な対応に気を配ること。やっぱり苦情を言われるとちょっと寂しいなと思うこともあります(笑)」。日々いろいろな人がやってきて迎え入れる接客業で必要となる、その場その場の対応力に頭が下がります。「人が好きじゃないとできない」という言葉にも納得です。

「母親の接客姿から学びを得ることは多かった」と話す平川さん。

そんな平川さんの野望は、東京に2号店を出すこと。「僕ももう還暦を過ぎたんですが、昔からの夢で東京に出店したいなと思っていて。大阪とは土地の値段が全然違いますから、なかなか難しいのですが」と明るい表情で語ってくださいました。喫茶好きにとってもうれしいその夢が近い将来叶いますように。その日が来るのを心待ちにしています。

左）青汁オーレ
右）ミックスジュース

フルーツポンチ

◎**珈琲館ビクター**

㊒大阪府大阪市北区天神橋4-8-29
㊔JR大阪環状線「天満駅」より徒歩すぐ、
または大阪メトロ堺筋線「扇町駅」より徒歩2分
㊖10:00～23:00（日によって変動あり）
㊡月（祝の場合は営業、振休あり）
☎なし

チョコレートサンデー
「ちょっとあまいものが食べたいな」というときはミニパフェ感覚でいただけるサンデーがお薦め。

商いの街で、これからもずっと

天神橋
珈琲館ビクター

交通の便がよく、病院から会社、スーパーまで何もかもそろっていて、住みやすい街である天満。昔からある商店の活気も衰えていないように見えますが、大手コーヒーチェーン店が増えてきているのも事実。しかし、この街ではうまく棲み分けができているようで、セルフサービスよりもフルサービスの形態にほっとする高齢の方は変わらずに足を運び、最近は若い方や外国人観光客の姿も増え、くつろぎの場所としての存在価値は高まる一方です。2025年4月には大阪万博も始まり、街の様子や訪れる人たちの層に変化があったとしても、ずっとそこにあって街の定点観測をしているともいえる「ビクター」は、いろんな人にとって居心地のいい場所であることは、これからもきっと変わらないのでしょう。

▲人通りの多い商店街の中でも、ひと際目を引くレンガ造りの外観と趣のある看板。

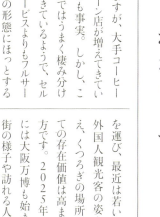

column 2

シュガーポットコレクション

注文した
コーヒーを待つ間、
ふと目に留まる
テーブルの上の
シュガーポットたち。
その姿かたちを
じっくり
眺めてみるのも
一興です。

King of Kings | P.46

味わい深いシルバーのボディが目を引く。ちょこんとした脚と花びらのような口も愛らしい。

コーヒーサロン チロル | P.188

色付きガラスと木製&鉄製のふたを組み合わせて。受け皿も相まってトータルバランスが抜群。

喫茶サンシャイン | P.142

真っ黒な球体のようなフォルムがインパクトあり。ふたや持ち手のステンレスが全体を引き締める。

喫茶ルプラ | P.74

真っ白で清潔感あふれる陶器は、ダークなテーブルの上でひと際輝いて見える。

珈琲苑 水車 | P.182

「コーヒーサロン チロル」とおそろいの色違い。瀟洒なバラのレリーフが持ち手に。

喫茶 アドリア | P.176

取っ手が付いたホルダーに収まったガラスのポット。スタイリッシュなフォルムがかっこいい。

喫茶ココ | P.120

ぽってりとした丸みが印象的なポットは昭和40年代のもの。ガラスに刻まれた繊細な模様も素敵。

純喫茶 コーヒールンバ | P.98

ステンレス製のふたとガラスからなる楕円形ポット。すらりと伸びたスプーンも美しい。

珈琲専門店 リヴォリ | P.24

木製のふたで覆われたガラスのポット。頬のようにぷっくりと膨らんだ見た目に癒やされる。

梅田珈琲館 YC | P.30

クラシカルなデザインのステンレスポット。しなやかな曲線を描く両の取っ手にうっとりしてしまう。

Cafe はたち | P.92

手のひらに収まりそうなストンとしたシルエットがかわいい。木製の持ち手もチャームポイント。

アレンジトースト

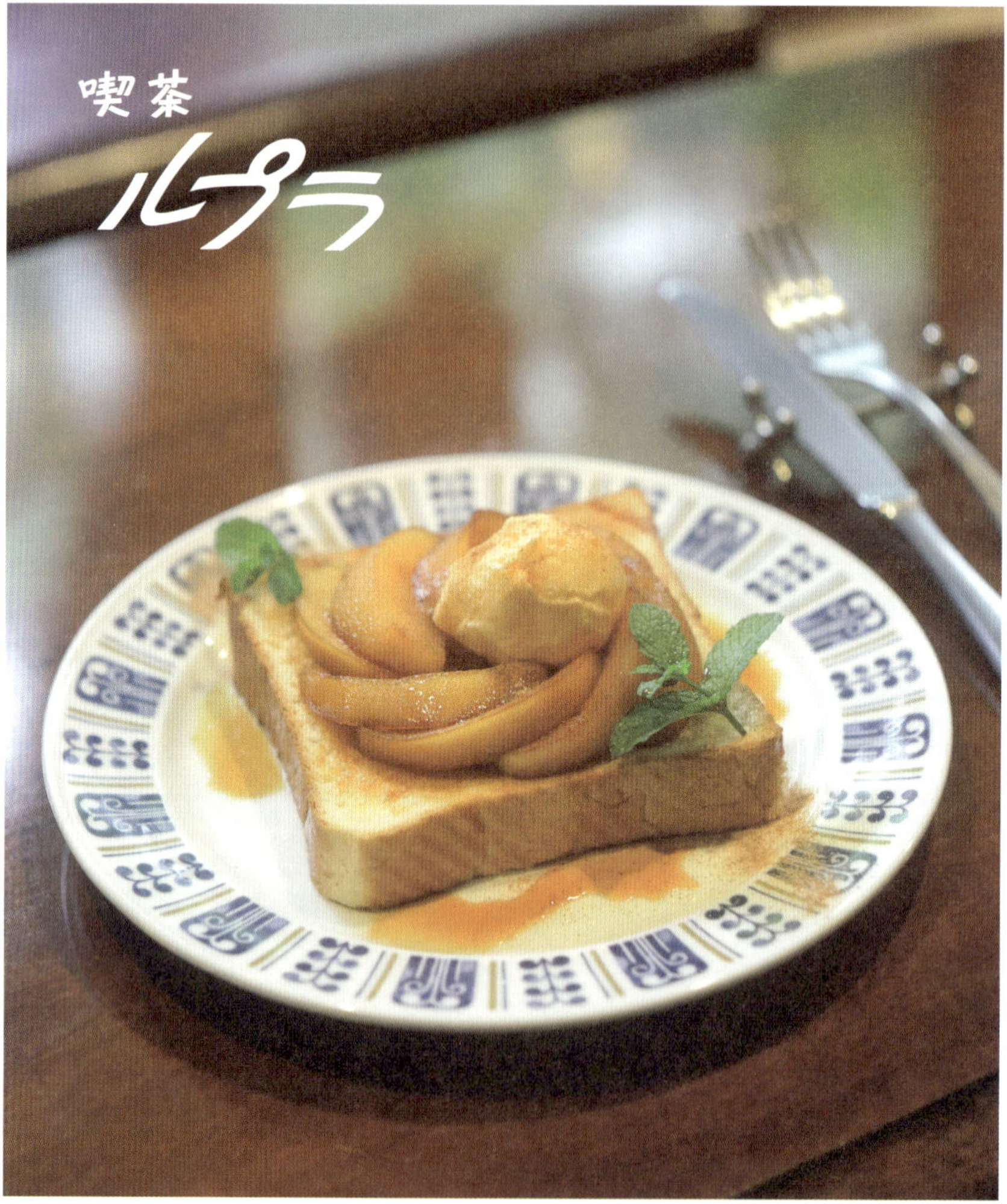

アップルシナモントースト

あめ色に輝くりんごのコンポートを並べたアールグレイが香る一品。トーストの上で花が開いたような美しい見た目に心が踊る。

小さな庭と心地よいBGMに癒やされながら
ヨーロピアンなあまい一皿を

純喫茶の閉店理由として、店主の高齢化、建物の老朽化、安価でコーヒーが飲めるチェーン店の普及、そして、後継者の不在などが多いのではないでしょうか。昭和50年代に創業した方たちが、当時25歳だったとしても現在70歳前後。体力的にもこたえるようになってきて、営業存続を断念する話を何度も伺ってきました。しかし、ここ最近では、両親の働く姿をずっと近くで見てきたご家族が就いていた仕事を辞めて、その想いと店の歴史を引き継ぐという明るい話も増えてきました。上本町にある「喫茶ルプラ」もそうです。

１９７４年にご両親が創業、２０２４年で50年を迎えた老舗ですが、２０１１年に先代であるお父様が急逝したことにより、当時29歳だった西峯雅仁さんが跡を継いで、15年が経過しました。「漠然とお店を継ごうと思ったのは、昼間にテレビとかをぼーっと観ている父の姿を見て。なんか楽そうやなと（笑）」。学生の頃、雅仁さんは映画の自主制作をしていましたが、それで食べていくのは難しいと悟り、家業を継ぎながらでも続けていけたら、と考えたそう。

お店のロゴは「探偵！ナイトスクープ」や「新婚さんいらっしゃい！」などの題字デザインを手掛けた竹内志朗さん作。

BGMは音楽好きな雅仁さんセレクト。こだわりのオーディオ機器も代替わりしてから導入したそう。

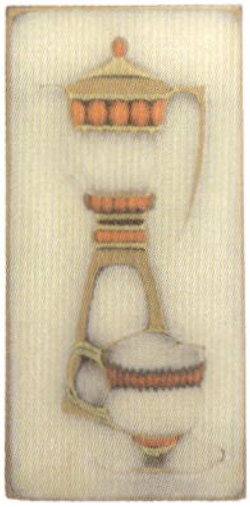

以前の店名は、愚痴を言える場所をイメージした「グッチ」でしたが、病気で亡くなったお父様の邦仁さんについて聞かれるのが辛かったというお母様の利恵子さんの希望で現在の「ルプラ」に変更。いろいろな人を受け入れられるような店でありたいという想いから、フランス語で「器」を意味する「ル・プラ」、また、出会うとお金持ちになると言われているアイルランドの妖精「ルプラホーン」の二つからとって付けたそう。

「ルプラ」を継ぐ前は、イタリア料理やフランス料理を提供する結婚式場のレストランで働いていた雅仁さん。「コーヒーについてはある程度の料理の技術が身に付いてから自分が教える。料理の下積みは若いときしかできないから」とアドバイスをくれていた邦仁さんが亡くなってしまい、途方に暮れていた頃、トランペッターのニニ・ロッソが「世界一おいしい」と称賛した奈良の老舗喫茶店

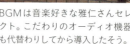

カスタードプリンの
ホットサンド
（提供は8：00～10：50）

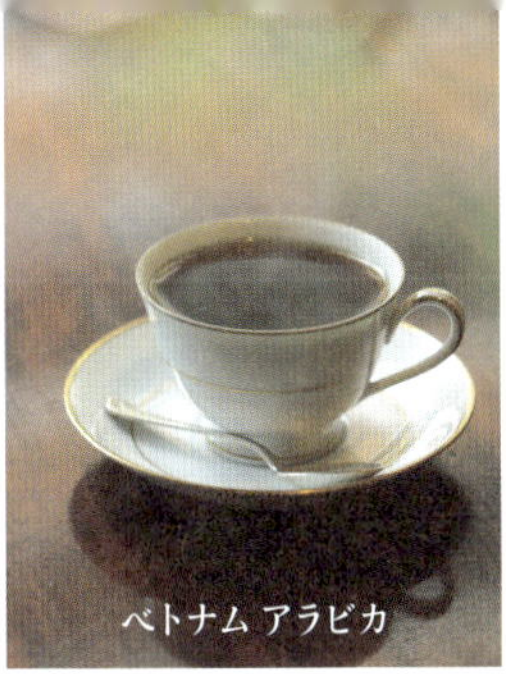

ベトナム アラビカ

「可否茶座アカダマ」が閉店してしまうことを新聞で知り、突発的に店へ電話をかけたことからマスターにコーヒーを学ぶことになりました。運命的だったのは、ニニ・ロッソは邦仁さんが好きだったミュージシャンであったということ。

以前から、自分の引き出しを増やすためにさまざまなスタイルのコーヒー教室に通っていたそうですが、マスターからは単にコーヒーについての知識だけではなく、新しい視点や心構えを教わったことが大きかったと言います。例えば、当初頭になかったというサイフォンについて、「選択肢を増やすために固定概念を崩して、一度やってみたら？」と言われたことや、二代目であるゆえの苦悩について「何をやっても、ああじゃないこうじゃないって常連さんに言われるから、先代とは何か違うものを持った方がいい」というアドバイスも。「アカダマ」のコーヒーを飲んだことがなかったにも

西峯さん親子。笑った顔がそっくり。

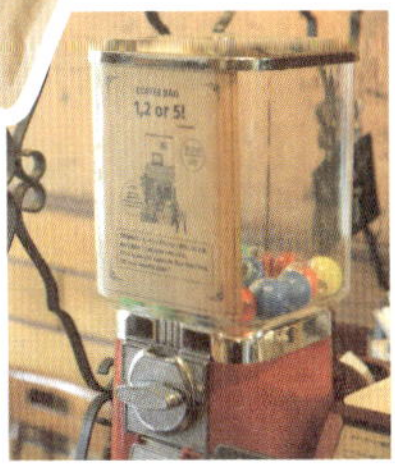

◎喫茶ルプラ

㊫大阪府大阪市天王寺区小橋町8-15
㊔近鉄線「大阪上本町駅」より徒歩8分、
またはJR大阪環状線「鶴橋駅」より徒歩9分
㊢8:00〜13:50L.O.
15:30〜17:50L.O.
（土は8:00〜13:50L.O.）
㊡日・祝
☎06-6762-6784（予約不可）

プリンにのせる氷を丁寧に削り出す。

手作りカスタードプリンセット
ベトナムのバインフランから着想を得て雅仁さんが考案。ねっとりと濃厚なかためのプリンに、ひんやり冷たいかき氷をのせて。セットのドリンクはコーヒーや紅茶から選べる。

かかわらず、雅仁さんは導かれるように素晴らしい師に巡り合えたのです。

驚くべき偶然や出会いに引き寄せられている雅仁さんが目指すのは、日常に寄り添うコーヒー。「ハレの日の特別なコーヒーとかもあると思うんですけど、うちに来てくださる方って仕事の合間にぽっと来てくれるので、特徴的なものではなく、その中間にあるような飲みやすさを意識しています」。邦仁さんの想いを守りつつも、利恵子さんと二人三脚で憩いの場を提供してくれる「ルプラ」。近隣で暮らす人たちのサードプレイスであるだけでなく、訪れたすべての人たちを癒やしてくれることでしょう。「継いだことに後悔はまったくないです。そうならないように今、頑張っている」とやさしく笑う雅仁さんの表情に、これからも続いていく「ルプラ」の明るい未来が想像できるのでした。

焙煎《ばいせん》は100年もののFUJIの「ブタ釜」で

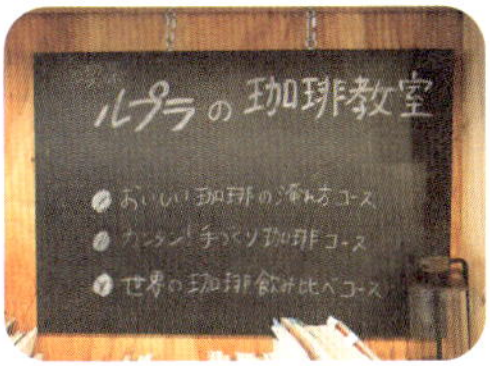

現在、隣接している焙煎室も最初からのものではなく、2013年にたまたま物件が売りに出て、さらに岐阜にあった閉じる予定の喫茶店から、現在国内で現役で動いているのはほんのわずかしかないという100年前の貴重な焙煎機「ブタ釜」を譲り受けたことから始まったそう。

雅仁さんがお店を継いで以降、
使用するコーヒー豆をすべて自家焙煎に。
コーヒーの魅力を伝えるために、
定期的に教室も開催している。

珈琲艇 CABIN

ブルーチーズとクリームチーズのハニートースト

2種類のチーズとともに砕いたアーモンドをトッピングし、ブナの木の甘露みつをかけて焼き上げる。ブラックペッパーがきいていて、お酒との相性もよさそう。

船乗り気分で過ごすティータイムは、チーズとはちみつたっぷりのおやつとともに

私の中で、純喫茶を好きになる大きな要素である外観と内装。こちらを初めて訪れたのは10年以上前になりますが、地下へと潜るアプローチと、入口をほのかに照らす妖艶な照明にときめいた瞬間のことを今でも覚えています。

1935年にできた道頓堀のほとりにあるリバーウエストビル。ビルの側に整備された遊歩道から眺めると、まるで停泊中の船のような形をしていることがよくわかります。その地下にあるのが、「珈琲艇 CABIN（キャビン）」。地上に見える部分からもすでに、船室を意味する店名に納得の造りです。例えば、ドアノブの役目を果たす舵《かじ》、飾られている古い船の模型、手すり代わりに備え付けられた階段のロープ、足元を照らすマリンランプのような緑色の光……とわくわくする装飾品が迎え

てくれるのです。店内で真っ先に目に飛び込んでくるのは、実際に海で使用されているものと同じだという重厚な丸い窓。等間隔で並ぶそこから見える景色は、先ほどまでいた世界とは違っているかのようです。

ご両親が始めたこの場所を今も守っているのは、平谷有美さん。以前から手伝ってはいたとのことですが、正式に継いでからはまだ2年も経っていないそう。これだけ特徴のある店を両親が営んでいるのは自慢できることだったのではないかと思ったのですが、有美さん自身も周りの友人たちの間でも、この内装について特に言及したことはなく、つい最近までは継ぐつもりもまったくなかったというのが意外でした。

休日や季節の休みになると、開店

船室をそのまま再現したような内装で、船乗りになった気分を味わえる。

を待っていた人たちですぐに満席になってしまうほどの人気ですが、現在、お店を切り盛りしているのはお母様の佳子さんと有美さんのたったお二人。それにもかかわらず軽食と飲み物を合わせると、100種類近くあるというメニュー数をてきぱきとこなしていく様子に驚きます。新しいメニューを考えるのは有美さん、試食して判断するのは佳子さんの役目なのだそう。「とにかくチーズとはちみつが好き」という有美さんの発想から生まれたブルーチーズとクリームチーズのハニートーストは、コーヒーはもちろん、お酒と一緒に楽しみたくなる味わいです。

1984年の創業から、入れ替わりの激しいこの地で、40年以上も続けられていることが何よりも必要とされている証しですが、ご両親が大切にしていた点と今後の展望につ

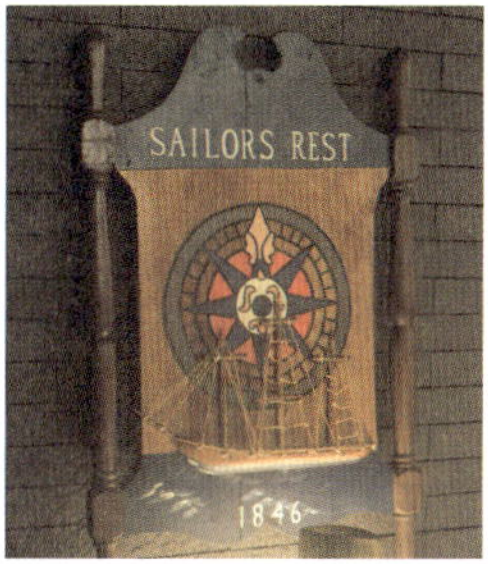

かつて配布していたマッチ箱をインテリアの一部として飾ってある。

ウインナーコーヒー

◎珈琲艇 CABIN

所大阪府大阪市西区南堀江1-4-10
リバーウエストビルB1F
行大阪メトロ各線「なんば駅」
26-C出口より徒歩2分
営9:00〜18:00
休火（祝は営業）
☎06-6535-5850（予約不可）

ナッツアイスウインナーティー

アーモンドやピスタチオなど4種のナッツがてっぺんに。取材時は紅茶をオーダーしたが、コーヒーバージョンもある。

いて尋ねてみると、「こだわりすぎると、きっと多分うまくいかんと思う。父も特にこだわりはないと言うとったし。逆に、何もないのがよかったんじゃない？」という軽やかな返しが。「なるべくお客様のリクエストに応えていきたい」という言葉からもわかるように、気負わず柔軟でいることが長く続いていく一番の秘訣なのかもしれません。

昭和、平成、令和と三つの荒波を乗りこなしてきた「CABIN」という船の、新しいキャプテンとなった有美さん。これからも時代に合わせて舵取りをしながら、末永くこの場所でゆらゆらと漂っていてほしいと願うのです。

ハーフポパイサンド

ミックスジュース

バナナモカ珈琲フロート

船室を彩るシャンデリアと船の模型

有美さんのお父様が外観に一目惚れしたことから「CABIN」の歴史は始まりました。まるで海に浮かんでいるように見える建物は、誰をも惹きつけてやまない魅力があったのでしょう。しかし、有美さん曰《いわ》く「父はまったく興味ない言うとったけど、船には」との意外なお言葉。「CABIN」ができる前、こちらには「ロマン」という名前のクラブがあり、カウンター席近くにあるきらびやかなシャンデリアや装飾品は、当時のまま活かされているものもあるそうです。常連客たちが持ってくるものがどんどん並べられていくお店にもたまに出合いますが、店内に飾られている船の模型などは、お父様がご自分で買い求めたものだとか。

豪華なシャンデリアをはじめ、大きな模型など船をモチーフにした装飾品があちらこちらに。船に興味がなかったとは思えないほどの充実ぶり。

珈琲店 スパニョラ

「喫茶店というものが世の中に本当に必要なのかと悩んだこともある」と、衝撃的な一言が飛び出したのは、今や観光地といっても過言ではないほど賑わう大阪駅前第3ビルにある「珈琲店スパニョラ」の二代目、西脇永憲《ひさのり》さんと話しているときでした。

初代である西脇さんのお父様が、阪急東通商店街にあったシャンソン喫茶を店名ごと引き継いだのが１９７２年のこと。「スパニョラ」はイタリア語で「スペインの女性」を指す言葉から、もしかしたら最初の持ち主の想い人のことだったのかも……と想像すると、実際の理由は不明ですが少しロマンチックです。

当時はコーヒー専門店ブームもあって景気がよく、現在の「スパニョラ」がある場所に支店を出すも失敗。その後、しばらく知人に場所を貸し出していましたが、20年ほど続いた東通商店街にある店舗が都市開発で立ち退きになった

大阪駅前ビルの地下で出合った新スタイルのモンブラン

モンブラン・トースト

「おそらくうちが元祖」というトースト版のモンブラン。ふわふわのクリームは口当たりが軽やかで、あっという間におなかの中へ。西脇さんお薦めのコーヒー「コロンビア・マラゴジーペ」をおともにぜひ。

天井が高く、ここが地下であることを忘れるほど開放感がある。

ことと、高齢になったお父様の引退が重なります。1992年、西脇さんへの代替わりをきっかけに、現在の大阪駅前第3ビルに移転し、2024年で33年目を迎えました。頭の片隅でいつか継ぐという想いがあったからでしょうか、西脇さんは数年間コーヒーにまつわる一般企業に勤務していたことも。

そんな「スパニョラ」を一躍有名にしたのが、そのルックスに目を丸くするモンブラン・トースト。山を愛する西脇さんなのでそこから取った名前かと思いましたが、単純に栗のモンブランのことだそう。元々、モンブランケーキと、カフェラテの上にモンブランクリームを浮かべて栗のシロップをたらしたモンブランラテがあったそうで、クリームのロスを減らすためにと生まれたアイデア。思わ

さりげなく置かれたカエルのオブジェも西脇さんが毎日みがいている。

ず驚いてしまうほどボリュームのあるクリームは、「パンが見えなくなるまでのせること」がポイントだとか。「スパニョラ」では10年以上前からあるメニューですが、人気が上昇したのはコロナ禍に入る少し前。その見映えからSNSでの反響もあり、今では他のお店で似たようなメニューを見かけることも。

　喫茶店を訪れる側の立場とは違って、そこで働く人たちは毎日のように同じ場所へやってきて、何十杯、何百杯とコーヒーを淹《い》れ、繰り返しの作業が多いゆえ、飽きてしまうこともなくはないでしょう。しかし、西脇さんはそこで生まれるコミュニケーションや出会いを楽しみにしていると言います。その証しに、内装を決めるときには、カウンター越しに話を

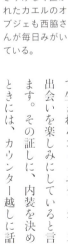

トリオ・セット

ティ・サワー

◀選べるケーキ、コーヒーゼリーorヨーグルト、コーヒーor紅茶をワンプレートに。

できることを重視してもらえるよう希望を出したそう。「ここでなんか新しいことが生まれていくのが面白いんかもしれん。変わったお客さんが来ることもありますが（笑）、そういうときのほうがお店の調子がええような気がしてますよ。スパイスですね。喫茶店ってそういうところがいいのかもしれないですね」と西脇さん。機会があればもう1店舗出したい、という気持ちを抱きつつも、今は自分の目が届くこのお店を愛しく思っている様子。冒頭に書いたように、一時期は喫茶店という場所の存在意義について悩んだ時期もあるそうですが、いろいろなことを経て、今の西脇さんの表情は晴れやかでのびのびとしているように見えるのでした。

◎珈琲店スパニョラ

㊓大阪府大阪市北区梅田1-1-3大阪駅前第3ビルB2F
㊜JR東西線「北新地駅」より徒歩4分
㊝7:30～20:15（L.O.20:00）
日・祝11:00～18:00（L.O.17:45）
㊡無休
☎06-6347-1177（予約不可）
日・祝は禁煙

ミルピス
カルピスをミルクで割り、ヨーグルトとクラッシュしたフルーツをミックス。濃厚ながらすっきりとした甘さで、後を引く酸味がさわやか。

お店を支えるスタッフは元「お客さん」

左から西脇さん、
まだキャリアが浅い（それでも8年目！）という
漫画家の日吉さん、
20年以上勤務するベテランの田中さん。

こぢんまりしていますが、天井が高く、つい長居してしまいそうな店内は、「長年営業しても飽きのこない落ち着いた雰囲気」という希望を伝えて造られたもの。そんなくつろげる雰囲気からか、お客さんとしてやってきていた人たちがスタッフとして働くようになるケースが多いようです。「基本ね、怒るのが嫌なん（笑）。怒らなしゃあないときもあるけど」といつもにこやかな笑顔を浮かべている西脇さんのやさしい人柄もきっとその魅力の一つ。

のどかな風景の中に
突如現れた宇宙船!?
不思議な空間に身をゆだね、
愛らしいトーストで一服

小倉ホイップトースト

さっくり焼いたトーストで、あんとホイップクリームをサンド。指でつまめる小ぶりなサイズがちょうどいい。

はたち

一度見たら忘れられないインパクトのある外観は、純喫茶を愛する人たちの間ではよく知られていて、遠方からでも行ってみたいと思う人がたくさんいるのではないでしょうか。私もその一人でした。

現在、二代目を務める奥村太一さんのお父様にあたる善裕さんは、会社員をされていましたが、ひょんなことから東住吉区で「ユキ」という喫茶店を始めることに。その後、「ユキ」を太一さんのお母様である恵子さんに任せ、この場所で「Cafe はたち」を開いたのが1980年の秋でした。

はたち？ ハタチ？ と気になる店名について、私は〝20歳〟を意味する「ハタチ」だと思い込んでいましたが、〝畑地〟から名付けられたと知って驚きました。背後にそびえる巨大ショッピングセンターができたのはたった数年前のことで、昭和の頃は周囲にカエルの鳴き声が響き渡るのどかな風景が広がっていたのだとか。ショッピングセンターのオープンをきっかけに、以前から「なんの建物な

他では見たことのない宇宙船のような外観は、善裕さんと地元の建築業者が話し合って生まれたアイデア。

のだろう?」と気にしていた人たちが、思い切って扉を開けてくれるようになったそうです。

「はたち」ができたのは太一さんが小学1年生のときで、もちろん同級生たちにも知られていて、遠足などでバスが前を通る際には、恵子さんがガラス越しに手を振ってくれていたという微笑ましいエピソードも。

　太一さんから説明を受けながら一緒に建物の周りをぐるりと歩いているときに、畑の様子を見にいらした善裕さんにも少しお話を伺うことができました。日に焼けたやさしい笑顔ですが、話し始めると目の奥に強い意志を感じます。創業当時のことについて尋ねている間に、「人と同じことをしても仕方がないからね」と繰り返す言葉が印象的でした。

　これまでにお話を伺った多くの店でもそうですが、喫茶店経営は大変なことのほうが多いように思えて、コーヒー一杯

で気軽に利用するのは申し訳ないような気持ちになったりもするのですが、長く続いているお店の方たちにはいつもそれを上回る「喫茶業が好き。自分の店を守りたい」という強い想いを感じています。「はたち」も例外ではなく、太一さんも今に至るまで何度も挫折しかけたそうですが、そのたびに恵子さんが伝えてくれた「自分に負けないように」という言葉と、その生き様を思い出して、どんなに苦しくても歯を食いしばって乗り越えてきたそうです。「ただの意地です（笑）」と穏やかに笑うその心にはいつも恵子さんがいて、そっと寄り添ってくれているのでしょう。

驚くことに創業からずっと年中無休だったそうですが、これからも末永く続けるためと身体のことを考えた結果、2024年3月1日から木曜が定休日となりました。また、平日の出勤前に毎朝寄ってくれる常連客には喫煙者が多いた

店内に足を踏み入れた際、真っ先に視界に入る大きな木のオブジェ。実は、内部には排水管が通してあり、屋根からの雨を外に出すという実用的な役割も。

モーニングBセット（タマゴサンドハーフ）

お店の横には小さな畑があり、調理に使う玉ねぎをはじめ、トマトやスイカを育てている。「できた野菜のほとんどは父が常連さんに配っているんですよ」と太一さん。

め、2025年4月からの条例による全面禁煙化や値上げ問題など頭を悩ませることは尽きません。「ここを好きになった人たちはきっと戻ってきてくれると思うから」と信じる太一さんの言葉に、そうでありますように、と願うことしかできないもどかしさ。

最後に、存続していく上で大切にしていることを尋ねてみると「料理に対して真摯《しんし》に向き合っているか、ではないでしょうか」と教えてくれました。味はもちろん、価格などの面でもなるべく昔からのお客様を裏切らないようになど、常に「はたち」のことを考えている太一さん。「周りにあるお店たちもそれぞれ特色があるので、他と同じではだめだと思っています」と言い切った眼差しからは、お店の歴史だけではなく、善裕さんの想いもしっかりと引き継がれている様子が見えたのでした。

黒みつきなこ
豆乳ジュース

やさしい甘さにほっこり。メニューに加わったのは太一さんがお店を継いでからで、今では女性を中心にじわじわと人気が出ている。

◎**Cafe はたち**

㊐大阪府堺市美原区黒山1012
㊋南海高野線「萩原天神駅」より徒歩36分
㊎6:30〜16:00
㊡木、ほか不定休あり
☎072-363-2999（予約可）

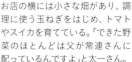

“自分の城”を築くために

チャーハン、エビチリ、日替わりの一品（この日は唐揚げ）、スープがセットになった「炒飯定食」。喫茶店で出てくる中華とは思えないほど本格派で、これを目当てに通う常連さんも。

今では、分厚いタマゴサンドとともに、口コミで広がった中華定食がすっかり看板メニューとなりました。しかし、中華メニューは創業当時からあったわけではなく、善裕さんの時代はスパイスから作るカレーライスが名物だったそうです。元々、中華料理店に勤務していた太一さんは、いずれは独立する予定でしたが、今から26年ほど前、「はたち」を継ぐことに。その際に、「自分の特色を」と中華鍋を思う存分振るえるよう厨房を造り直し、ここが太一さんの城となったのです。

定食の注文が入ると、パチパチと油の跳ねる音が響き渡り、食欲をそそる香りが店中に広がる。

純喫茶
コーヒールンバ

サービスセット（三色トースト）

バター、いちごジャム、チョコレートと異なる三つの味わいが楽しめる。オープンから13時までとロングタイムで提供しているので、寝坊した日の朝ごはんにもぴったり。

路面電車を降りて、わずか3歩！
ノスタルジーに浸りながら
少し遅めのモーニングを

ときにその立地にも心惹《ひ》かれる個人経営のお店。商店が並ぶ細い路地、カンカンと鳴る踏切、遠くまで見渡すことのできる線路……。今ではノスタルジックともいえる懐かしい風景になってしまった、のどかな風景の広がる阪堺電車の北天下茶屋駅。浜寺方面行きのホームに入口がある「純喫茶 コーヒールンバ」もその一つです。

1時間に数本やってくる電車を眺められる席に腰を下ろして、ふと視界に入ったのは壁に貼られた「サービスタイム」と書かれたメニュー。現在は1から10までの番号が振られたさまざまなメニューから選ぶことができますが、最初は5種類しかなく、常連客の提案により増えて10種類となったようです。常連客から人気があるのは、1番のトースト&ゆでたまご、次に4番のチーズトースト&サラダ、と毎日やって来るからこそ選ばれるシンプル

駅のホームに店の入口がある全国的にも珍しいロケーション。ちなみに反対側にもう一つ入口がある。

なもの。1から順に見ていくうちに食べたいものが決まってしまいそうですが、ぜひ注目してほしいのが9番目のヘルシーセット。他ではなかなか見かけない珍しい組み合わせで、創業当時から使っているという真っ赤なトレイに、大きな豆腐、野菜サラダ、コーヒーゼリーと選べる好きな飲み物が並びます。植物性タンパク質、ビタミン、コラーゲンが一度にとれる、という身体のことを考えたやさしい一品。

「開店した頃は、ものすごいええ時代でしたね。昔は家賃なんかどうってことないぐらい売り上げがよかったんやと思いますよ。喫茶店がいっぱいあっても、皆ずっとやってこられたんだから。それだけお客さんがいたんだと思います」と教えてくれたのは、ご主人亡き今も店に立つ新城陽子さん。そこから42年が経過し、物価や人件費も大きく変わったにもかかわらず、どのメニューもあまりにもお手頃価格のまま。値上げはしないのかと尋ねてみると、「2024年の7月1日から少

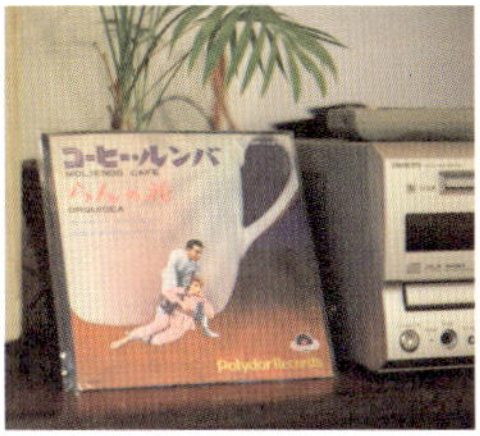

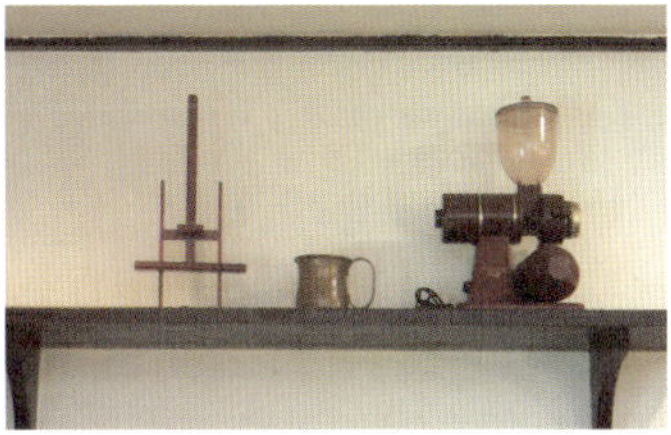

し上げたのだけど、よその店と比べるともう時代遅れでね。でも、うちではできるだけ安くておいしいものを提供したい」と陽子さん。毎朝4時半に起床、ほんの数年前まで定休日はなく、営業中は立ちっぱなしであることが多く、決して利益が高いとはいえない喫茶業。それでも、お店に来るのが嫌だと思った日は無いそう。「よく『老後に喫茶店〝でも〟やろうか』と言われますが、そんな軽い気持ちでできる仕事ではない。簡単そうに見えるけど、コーヒーをおいしく点《た》てることだけが大事じゃないと思う」ときっぱり。一客としてですが、たくさんのお店で大変さを見てきたゆえ、その言葉に大いに納得し、頷いてしまいます。

　コロナ禍も休まず営業し、常連客も変わらずに通い続け、客足が離れることはなかったという「ルンバ」。「店をずっと開けていたのは、お客さんのためっていうたら大袈裟ですけど、もうそれが癖みたいになってたのでね。だから体もあんまり具合悪くならないし。仕

▲左）アイスメロンミルク
右）アイスストロベリーミルク

事してたらしんどくないです。逆に1日ずっと休んでたら、夜寝付けないとかね」と、常に心が店とともにある陽子さんと、ご主人が亡くなってしまった5年ほど前から一緒に働いている、やわらかな笑顔が素敵な娘のいづみさん。お二人の毎日の積み重ねでできた信頼関係こそが、「ルンバ」が愛され続けている秘訣なのでしょう。壁いっぱいに貼られた、名前の書かれたたくさんのコーヒーチケットがその証しなのです。

◎純喫茶 コーヒールンバ

㈶大阪府大阪市西成区聖天下1-12-14
㊔阪堺線「北天下茶屋駅」より徒歩すぐ
㋔7:00〜15:00
㊡水
☎06-6653-9571（予約不可）

壁にずらりと並ぶコーヒーチケットの数が常連さんの多さを物語る。

お店の入口がホームの中にある理由

聖天下
純喫茶
コーヒールンバ

コーヒーの卸をしていた陽子さんのご主人、輝男さんが1982年に直営店として創業し、開店当時は朝の6時から夜の10時まで年中無休で、アルバイトも雇っていた繁盛店。気になる店名は、輝男さんが習っていた社交ダンスにちなんで「テネシーワルツ」か「コーヒールンバ」で迷って決めたそう。「ここは私の家族が代々暮らしている場所で。1911年に阪堺線（路面電車）が開通する前から家があったから今の形になっているけど、もし家があとだったらホーム側の入口はなかったと思う」と陽子さん。初めて「ルンバ」を訪れる多くの人が驚くであろう、電車を降りて3歩ほどで入店できるホーム側の入口には、かつてトイレと中庭があったそうです。

▲お店の前を電車が通り過ぎていく風景は、どこか懐かしさすら感じる。

▶娘とともに店を切り盛りする店主の陽子さん。

column 3

大阪生まれの二つのジュース

ミックスジュース

「もったいない」という大阪商人の発想から生まれた、有名なご当地ドリンク。お店ごとに工夫が凝らされていて、味わいもさまざまです。

純喫茶コーヒールンバ

FRUIT

P.98

バナナを主体に、缶詰のミックスフルーツを合わせて味わい豊かな仕上がりに。

喫茶サンシャイン

FRUIT

P.142

練乳を加えてミルキーな甘みに。パイナップルの飾り付けがうれしい。

梅田珈琲館YC

FRUIT

P.30

黄桃、白桃の両方を使用した珍しいパターン。とろりとした甘みの余韻が残る。

Cafe はたち

FRUIT

P.92

2種類の果物に牛乳と砂糖という、昔ながらのシンプルな組み合わせ。

純喫茶スワン 阿倍野店

P.40

バナナがきいた濃厚な味わい。写真はアイスを浮かべた「クリームジュース」。

FRUIT

喫茶 RiO

P.132

甘みと酸味のバランスがちょうどよく、ゴクゴク飲める爽快感のある一杯。

FRUIT

喫茶 ニューワールド

P.194

バナナと白桃で濃厚な甘みを出しつつも、りんごの酸味であと味はさわやか。

FRUIT

純喫茶 アメリカン

P.148

卵を入れてまろやかな味わいに。かき氷のシャリシャリした食感も楽しい。

FRUIT

キューピット

発祥や名前の
由来は謎に
包まれていますが、
巡り合うのは
いつも大阪の純喫茶。
カルピスをコーラで割った
知る人ぞ知るドリンクです。

King of Kings

P.46

底にたまったカルピスがコーラと馴染《なじ》むまでよく混ぜてから一口。コーラ特有のまったりした甘みとシュワシュワが広がる。

珈琲館 ビクター

P.64

メニューには「カルピスコーラ」として掲載しているものの、昔は、あえて「キューピット」とオーダーする人も。

フレンチトースト／フルーツサンド

あまいものと
コーヒーの相性のよさは、
二人三脚で歩む
仲睦まじい夫婦のごとく

フレンチトースト

卵液の染み込み具合がほどよく、ふんわりとした食パンの食感が残っているので、口当たりが軽やか。仕上げはメープルシロップかシュガーを選べる（写真はシュガー）。明郎さんイチオシのブレンドコーヒーをおともに。

活気あふれる千日前商店街から少し逸れて小道を歩くと、ふと視界に入る、立派な髭を生やしてターバンを巻いた強面のキャラクター。その下には、かつて使用されていたという手廻しの焙煎《ばいせん》機が置かれています。「世界のコーヒー」と書かれた光る看板の下をくぐって開けた扉の向こうで、明るく迎えてくれたのは、黒縁眼鏡がトレードマークの髙坂明郎《こうさかあきろう》さん、久美子さんご夫婦。ここ、「アラビヤコーヒー」は、1951年に明郎さんのお父様である光明《みつあき》さんが始めたお店です。

光明さんは踊ることがとても好きだったようで、なんばのダンスホールに遊びに来ていて馴染《なじ》みがあったこの場所を選んだそう。気になる店名の由来を聞いてみると、当時日本で飲まれることが多かったのはモカで、実際に存在する店の名前に多くありますが、小さなエリアではなく、コーヒーという飲み物を文化として取り入れた人たちの地域全体を指す「アラビヤ」を選んで名付けられたそうです。

明郎さんは中学生の頃からお小遣い稼ぎを兼ねて家業の手伝いをしていま

山小屋のような温かみのある空間に、先代の頃からの宝物がずらりと並ぶ2階。なかには、オープン当初に使われていた手廻し焙煎機も。

したが、本格的に跡を継いだのは光明さんが他界された1999年のこと。創業50周年まであと2年、というときでした。ご両親は「継いでほしい」とは一度も言葉にしなかったそうですが、「真面目な少年だったから（笑）」と言う明郎さんは、長男であるゆえ自ら責任感と宿命を感じていたようです。

　幼少期から当たり前だったこの環境について、どう見えていたのかを尋ねると「いろんなお客さんと話している父親の姿を見てね、なかなか面白い仕事なんやなあと」と素質があったであろう台詞《せりふ》。当時まだ珍しかった自家焙煎を取り入れるため、光明さんはコーヒーを提供していたバーのマスターに教えを受けるも、あとは独学で学んだそう。スマートフォンやPCがあれば何でもすぐに情報が手に入る現在とは違って、その頃に自分で努力して習得したのは情熱の証しといっても過言ではありません。

　小学生くらいからすでにコーヒーを飲んでいたという明郎さんが目指しているのは、酸味と苦味のバランスがよく、一日に何杯も飲みたく

先代マスターによる手彫りのレリーフもどこか味わい深い。

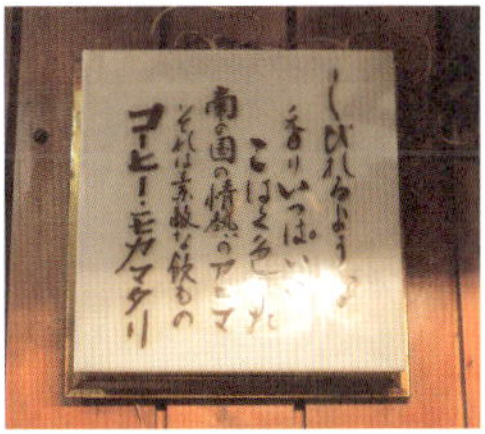

エレファントマウンテン

クリームソーダ

なるような味のコーヒー。「うちはブラックで飲んでも、ミルクと砂糖を入れても整う味にしてるって父親は言うてて。ずっとその味を継承しています。アメリカのドラマでよく見る、家に帰ってきたら常にコーヒーがメーカーに入っているような、あんな感じで日常の一部としてガブガブ飲めるのがいいなって思ってね」。そのこだわりのコーヒーの存在感をさらに引き立てるのは、奥様の久美子さんが作るあまいものたち。1970年頃からメニューにあるフレンチトーストを除いて、ケーキ類は業者から仕入れたものを提供していましたが、コロナ禍をきっかけに自分たちで作り始めて試行錯誤し、どんどんおいしさが増していると明郎さんのお墨付き。2021年以来出店を重ねている阪神百貨店での催事では、なんと1000個ものプリンを売ったそうです。

　いつお会いしてもにこやかな笑顔のお二人ですが、営業時間の長さや、その合間にやらなくてはならないことの多さに悩まされることもしばしば。コロナ禍をきっかけに、営業時間を変

えたり、一緒に店を支えてくれるスタッフに任せて二人が休む日を作ったりと、それまでとは違ったやり方も模索しています。催事への出店などに柔軟で、若い人たちからの言葉にもきちんと耳を傾けるおおらかさが素敵な明郎さん。「父親がそうでしたしね。頑固親父やとか言われてたけど、柔軟な部分はちゃんと持ち合わせてた。それは大事なことやと思います。変えたらあかん部分と、変えていい部分をね、見極める教養を持ってないとあかんなと。常々勉強です。だからそういう意味でも奥さんのサポートはありがたいですね」と、いつも隣にいてくれる久美子さんへの労《ねぎら》いの言葉も忘れません。「アラビヤコーヒー」で過ごす人たちにとって特別なひとときであるために、これからも、ときに夫婦漫才のようなやりとりで周りに笑顔をもたらしてくれる仲睦まじいお二人でいてほしいと願っています。

◎アラビヤコーヒー

㊒大阪府大阪市中央区難波1-6-7
㊔大阪メトロ各線「なんば駅」B14出口より徒歩2分
㊖12:00〜18:00　水10:00〜18:00
土・日・祝10:00〜19:00
㊡大晦日、元日
☎06-6211-8048（予約可）

久美子さんお手製のあまいものたち

自家製チーズケーキ

久美子さんが特に力を入れているというチーズケーキは、キャラメリゼしたりんごを添えて。濃厚な味わいで、ブレンドコーヒーとの相性も抜群。

自家製プリン

低温殺菌の牛乳とバニラビーンズをさやごとたっぷり使って風味豊かに。なめらかな口当たりに思わず頬がゆるむ。

ホットケーキ

昔からある定番メニューの一つだが、改良を重ねて年々おいしさがパワーアップ。しっかりとした厚みに食欲をそそられる。

フレンチトースト　洗練されたフランス料理のような、上品な見た目に惹《ひ》かれる一品。バターと砂糖で1時間以上じっくり煮詰めたにんじんグラッセがパンの上にも間にもたっぷり。

絵画の中に入り込んだような瀟洒な空間と
客人をもてなす気品に満ちた一皿

南堀江でお店をやっていた知人から教えてもらって知ったその内装の素晴らしさに、一目惚《ぼ》れといっても過言ではなかった「喫茶&グリル幸の屋」。想いを募らせるも1年半の休業があり、なかなかタイミングが合わず過ぎていく年月。ようやく自分の目で見ることができたのは、営業を再開した2023年冬のことでした。そこから半年後の春に話を聞かせてくださったのは、二代目の田中良夫さんとお母様の恵津子さん。

1964年の夏に恵津子さんと旦那様である則夫さんが始めたお店で、2024年に創業60年を迎えました。梅田の「ニューミュンヘン」というお店で修業を積んだ則夫さんが、「自分で店を持ちたい」と奮起し、大阪で一番流《は》行《や》っていたお店にならって付けられた名前。店内に置かれているお客さんが自由に書き込めるノートに、「名前の通り幸せになれる店でした」と書かれていたそうで、そういう捉え方もあるのかと恵津子さんはとても気に入っているそう。

四隅の丸い大きな窓、そこにかけられた淡い黄色のカーテン、天井中央からつり下がるシャ

天井が高く開放感があったため、「空」という内装コンセプトを掲げ、インテリアなどは恵津子さんのお好きなヨーロッパ調に。取材時の春には黄色だったカーテンは、初夏には涼しげな水色に変わるというこだわりも。

ところどころ日焼けした外壁のタイルが味わい深さを醸し出す。

ンデリア、ギリシャ神殿のような柱とそこに飾られたゴージャスな花束、今ではなかなか見ることができなくなったクッションタイルの床、空間に馴染《なじ》む椅子の色……と、360度どこを見ても美しい内装。好きなものばかりを置いていくと、ごちゃごちゃとしてしまいそうなものですが、まったくそんなことはなく、絶妙なバランスでまとまっている空間にうっとりします。恵津子さん曰《いわ》く「四角っていうのが嫌でね。なんでも丸いのがよくて」と大工さん泣かせのデザイン。誰もが扉を開ける前に立ち止まって見てしまうであろう外壁のタイルも素晴らしく、東京から設計事務所や施工会社の方が見学に来たほど。

2023年の春に継いだ良

▼右）クリームピーチスカッシュ（夏季限定）
　左）クリームソーダ
アイスクリームを浮かべたさわやかなソーダ水は夏にぴったり。

かつて配布されていたマッチを人形の手にのせてディスプレイしてある。

夫さんは、映像にまつわる業界で働く会社員で飲食店にはまったく無縁でした。「いずれはひょっとしたらとは思ってたけど、親父は自分の道で好きなことをやれっていうタイプだったので。ただ、親父の認知症が出始めてから、将来的なことも見据えて手伝いに入るようになったんです。そこで初めてお客さんとコミュニケーションを取ったことで、このお店を残さなあかんなと思えた」。店を再開するにあたって、客層や混み合う時間帯、メニューについての家族会議が行われ、まずは試験的に土曜日と日曜日のみとし、1年を経て金曜日も加えて、現在は週3日間の営業に。

　則夫さんがやっていたときよりもずいぶん増えたというメ

ニュー。やってくる人たちがどんなものを求めているかを考えつつも、「自分で食べておいしかったものだけしか出さない」という良夫さんの料理はほぼ独学で研究されているもの。かつてあったメニューを復活させたものもありますが、どちらも時代にあわせて改良されていて、「よりおいしくなった！」と以前の味をよく知る恵津子さんのお墨付きです。

洋式建築、音響、おいしい食事、そして、良夫さんたちとのやり取りと、いろいろな切り口を求めて訪れる人たちとの会話がやりがいというお二人。「毎日が楽しみね。明日どんなお客さんがいらっしゃるかなって、わくわくしながら開店の準備して」と恵津子さんが言えば、「お

ホットいちごミルク

ピーチスカッシュ
（夏季限定）

母ちゃんはそれが元気の源やな。毎日一生懸命お客さんに応えていくしかない」と良夫さん。仲のよいご家族の微笑ましさも癒やされる要素の一つではないでしょうか。そんな日々を繰り返し重ねて、何十年後にも一緒にこの日のことを思い出して笑っていたいと思うのでした。

◎喫茶＆グリル 幸の屋

㊎大阪府大阪市東住吉区杭全5-5-24
㊔JR大和路線「東部市場前駅」より徒歩7分
㊞11:00～15:30L.O.（土・日～18:30L.O.）
㊡月～木
☎06-6713-5754（予約不可）

喫茶ココ

KOKOフレンチトースト

しっかり卵液を染み込ませた厚切りのフランスパンを国産バターで焼き上げ、鮮やかな緑色のアンゼリカと真っ赤なさくらんぼで彩りをプラス。おともには、お祖父様が好きだった初代ブレンドの味を引き継いだ看板コーヒー「ココブレンドNo.2」がお薦め。

日だまりみたいなオレンジに包まれて、
自家焙煎《ばいせん》のコーヒーとオリジナルスイーツを

旅先ゆえに、なかなか下車する機会がなかった駅がいくつもありますが、そこに気になる純喫茶があれば、足を運んで街自体を好きになり、再訪することもしばしば。例えば、Osaka Metroの弁天町駅もそうでした。SNSをきっかけに店主と知り合いになった、かつては「ニシキヤ」というパン屋だった「喫茶ココ」を目指したのです。

「祖父は京都生まれの京都育ちで、皆が着物を着ている時代に洋服を着ているようなハイカラな人でした。京都で割烹の板前をした後、祖母の家へ養子に入り、会社員になったんですよ。でも若い頃に京都でコーヒー文化に触れて、コーヒーのある風景やマスターという仕事への憧れが捨て切れなかったのか、祖母が営むパン屋の片隅でひっそりとコーヒーを出し始めたのが『ココ』誕生のきっかけでした」と、教えてくれたのは、現在三代目を務める多田裕巳子さん。

その後、本格的に喫茶店を営むことになりますが、なぜかお祖父様ではなく、多田さんのお母様が資格を取るためにOLをしながら喫茶専門学校に通います。店を手伝っていたお母様に事務的なことは任せ、独学でコーヒーを淹《い》れ始めたお祖父様は、料理人だったこともあってか、鋭い味覚を生かして、コーヒーのよし悪しやブレンドの合わせ方を持ち前のセンスで学んでいったようです。

１９５８年に造られたオレンジ色を基調とした内装は、椅子や壁の張り替えは行っているもののほとんど変えておらず、当時、おしゃれな街として知られていた心斎橋にあった建築ばかりを手掛けていた工務店に頼んでできたもの。どこかスペーシーな内装ももちろん魅力的ですが、多田さんが継いでから力を入れているコーヒーにも注目です。外の看板からでもわかるように、「珈琲は黒い魔女」のロゴと、手塚治虫がデザインした赤ずきんをかぶったマコちゃんというキャラクターで知られる「福田珈琲」の豆を使用していましたが、２０１６年をもってコーヒー事業から撤退。その後、マコちゃんとともに取引先を引き継いだ「アラブ珈琲」の豆に変更す

「ニシキヤ」時代からの歴代のマッチがずらり。ロゴや絵柄のテイストが時代ごとに変わっているのが面白い。

るも、２０２３年からは多田さんが自家焙煎したものを提供することに。資格を取るために3年ほど前から勉強に励み、２０２４年12月に開催された「第3回ナカジとフェンの焙煎大会」では、深煎り部門フェン氏審査で第3位を獲得されたそうです。

「ここは母の老後の認知症予防のために開けているだけっていう感じで、具合が悪くなったらもう閉めてしまおうと思っていたんですよ。でも、友だちからは、『定年がないということは長く社会に参加できるっていうことやから、プラスに考えた方がいいんじゃないの』って言われて。とりあえず続けようと思ったときに、それなら自家培煎でいろんな味を追求していったほうが、お客様にもおいしいコーヒーを提供できるし、私自身もコーヒーの世界が広がっていくし。コーヒーを軸に立て直したっていう形ですかね」と、教員として働いていくつもりだった多田さんが「ココ」を継ぐまでにはいろいろな葛藤や試みもあったと思われます。

しかし、その決意や情熱はコーヒーだけではなく、「お酒が強すぎてけしからん」という意味から名付けられた「けしからんケーキ」など新しいメニュー

からも感じることができます。楽しいという気持ちを持ってさまざまな創意工夫をされている多田さんの想いは、「ココ」でくつろぐ人たちにも伝わっていることでしょう。「これからはコーヒーを楽しく、場を楽しく、日常を離れた場所にしていきたい」と未来への意気込みを語る多田さんが生み出すお店だからこそ堪能できる味を確かめに、「ココ」へ出掛けてみませんか。

◎**喫茶ココ**

㊢大阪府大阪市港区波除3-3-27
㊓JR大阪環状線または大阪メトロ中央線「弁天町駅」より徒歩3分
㊔12:00～18:30(L.O.18:00)
㊡月～木
☎なし

ブルーソーダフロート

けしからんケーキ

ラム酒が香る大人の味わい。自然の甘みを引き出すために3年熟成した自家製のラムレーズンがちりばめられている。キリッとした苦味が立つ「冷やし珈琲」との相性も抜群。

挽きたてのぜいたく

実は、コーヒーを自家焙煎していることはまだ広く知られておらず、「自家焙煎なんや！」と驚かれることもあると話してくれた多田さん。注文ごとに豆を挽いてハンドドリップで丁寧に淹《い》れるコーヒーは香り高く、あまいものと一緒にいただくと、より一層おいしさが引き立ちます。

1 濃さを統一するため、豆の量をしっかり計測。

2 挽きたての豆の香ばしい香りが広がる。

3 仕上がりの味を均一にするため、湯の温度や量にも気を配りながら慎重に。

4 できたてのコーヒーを大きめのオリジナルカップにたっぷりと。

5 完成！ この日のお薦め「ガヨハニーフルシティロースト」。

「華やか」「香ばしい」「すっきり」「しっかり」など味のチャートをボードで紹介。銘柄はそのときどきによって替わるので、来店時にチェックしてみて。

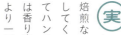

トロイカ & リビエラ

フルーツサンド　ふんわりした食パンで、大きないちごをしっかりサンド。
フルーツは旬のものを使うので、そのときどきで替わる
そう。人気のイチゴは12月から5月の初め頃まで。

ときおり聴こえるフルートの音色に導かれ、パン屋さんが作るあまいものに心踊る

トロイカ&リビエラ

ありがたいことに、こうしていろいろなお店で話を聞かせてもらうたびに、「どうしたらこのパワフルさや情熱を保てるのだろう」と思う人たちとの出会いが多々あります。玉造にあるパン屋併設の「トロイカ&リビエラ」の店主、久米一弥さんも知れば知るほど奥深く、店の歴史についてのみならず、その想いを理解して掘り下げることで、飲食店という場所の先にある存在意義のようなものに辿り着きたいと思わせてくれた方でした。

「この店は、元々、学生時代の同級生の義理のお父さんがやってて、それを辞めるときに僕が引き継いで。焼きたてのパンがコーヒーと一緒に食べられるという、今でいうカフェベーカリーのはしりやね。名前も確か『リビエラ』かなんかでそのままで。僕は老舗ベーカリーの『ドンク』で正社員として働いてたけど、ちょうど独立するつもりやったから」と前身の店から15名ほどの従業員ごと引き取っ

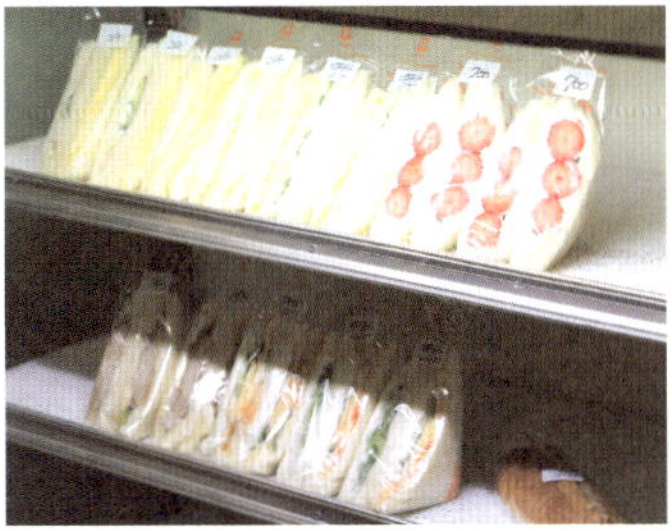

リビエラちゃんが描かれたオリジナルグッズの販売も。

て経営することに。しかし、バブルが崩壊し、リーマンショックが起こってからは大所帯では立ち行かなくなってしまいます。一人、また一人と従業員が店を去っていく中で、「この広さの店を一人でやったら、逆にそれが面白いんちゃうか」と思い立ち、何年もかけて現在の形となりました。

「トロイカ&リビエラ」といえば、オリジナルキャラクターの「リビエラちゃん」、そして動画などで一躍有名になった久米さんによるフルートの生演奏が聞けることで知られています。14年ほど前から始めた演奏は決して趣味ではなく、この店を訪れる誰かが必要としているかもしれないメッセージを音にのせて、自分の感情や想いを提供する手段として選んだのだそう。一見奇抜に思われるかもしれない方法ですが、それは個人店ならではの飲食以上の付加価値ともいえるのではないでしょうか。

また、生活のほとんどが店とともにあり、家に帰らなくなったのはここ7、8年のこと。「疲れたら椅子に座ったまま寝て、起きたらまた仕事する。盆と正月、それ以外は帰っても1か月に1回

フルートで「大きな古時計」を演奏中。「豊かな世の中になった今、皆が求めるのは心が震えるものや魂にアプローチしてくるもの。そういう想いを曲にのせてる」と久米さん。

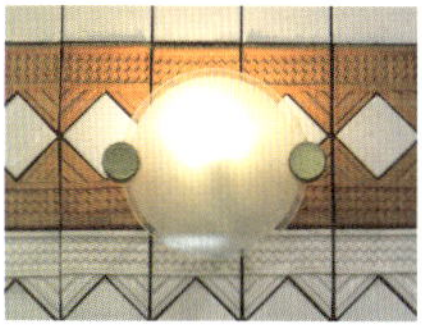

ミックスジュース

オムライス

か2回で、自分の家には1年のうちに24時間もいないと思う」。朝5時から6時にかけてパンを焼き、7時半から8時には喫茶室をオープンするサイクルのある久米さんには、やることがたくさんありすぎて帰宅する時間すら惜しいのだとか。

パンを焼くだけではなく、洋食やあまいものなどすべてのメニューを一人で作り、その傍らでフルートの練習を重ねて、まるでアミューズメントパークのような空間を作り上げた久米さん。身体のほうは大丈夫なのでしょうか、と余計な心配をしてしまう暮らしぶりですが、数年前からはストレッチを兼ねて銭湯に行くことが毎日の楽しみになっているそうで、そのために22時過ぎには仕事を切り上げ、ゆっくりとお湯に浸かっていると聞いて、ほっと一安心です。

冒頭で書いた、その情熱が持続する理由と目指すゴールについて尋ねてみると、なんとも素晴らしい回答が返ってきました。「飲食に限らず、すべての職業に求められるのは人を楽しませることやと思う。お客さんが楽しそうにしゃべっていたり、おいしそうに食べていたりする姿を見たらす

マロンクリーム
ロールパンにバニラアイスをのせて生クリームでデコレーション。飾りつけは栗の甘露煮や季節のフルーツで。

ごいうれしいね。その場を作り上げたすべてが報われるような。商売を続けていく原動力は、やっぱり人間ちゃう？　それがご褒美。お金のためだけには続けられへん」。何の縁もなかったこの土地に導かれてきたのも、自宅に帰らずこの場所で寝泊まりすることも、実は何らかの引力が久米さんを留まらせているのかもしれないですね、と言うと、「かもしれんね。何よりも店が潰れてないから。それがすべてちゃうかな」と、ほっとするいつものやさしい顔で笑うのでした。

◎トロイカ&リビエラ

㊒大阪府大阪市天王寺区玉造元町3-22
㊇JR大阪環状線または大阪メトロ長堀鶴見緑地線「玉造駅」より徒歩2分
㊥7:30～20:00
㊡火・水
☎06-6768-4388（予約不可）

リビエラちゃんに導かれた不思議な運命

「トロイカ&リビエラ」の看板キャラクターであるリビエラちゃん。実は、久米さんの地元・徳島にあったパンと喫茶の店「モンパリー」の看板にも同じキャラクターが描かれており、話を聞けば「トロイカ&リビエラ」の先代の知り合いがやっていたお店だったそう。中学生の頃に徳島でリビエラちゃんに出会った久米さんが、大阪にやって来て「トロイカ&リビエラ」を譲り受けたのは偶然のことだったそうですが、どこか不思議な運命を感じずにはいられません。

「この店を継いだのが運命なら、
ここでずっと働いていれば、
また何か面白いことが舞い込んで
くるんちゃうかと思ってる」と
笑顔で話す久米さん。

ドリップコーヒー
Rio
リオ
心安らぐ駅前のオアシスでいただく
昔懐かしい味わいのサンドイッチ

チョコバナナサンド

考案したのは宏起さんの奥様。チョコとバナナの定番の組み合わせは、ソフトな食パンとも相性ぴったり。ハーフサイズ（4切れ）で、おやつとしてちょうどよいボリュームなのもうれしい。

創業当時は今の半分ほどの面積しかなく、約40年前の改装を経て現在の広さに。

京阪本線の寝屋川市駅を出て少し歩くと視界に入る、オレンジ色と青色の半円を描くファサードが目印の「喫茶RiO（リオ）」。1970年創業、現在お店を守るのは、中川貴美代さんと宏起さん親子。貴美代さんの義理の父である正明さんは、兵庫県川西市の能勢口で、現在のホームセンターのはしりである金物屋をやっていたそう。大阪万博が開催される頃は忙しく走り回っていましたが、事情があって地元である寝屋川市に戻ることに。この場所でも金物屋をする予定が、駅前で開かずの踏切があり、車を停めることができない場所だったため断念。元々コーヒーが好きだったことから、当時、縁のあった京都のお店から学び、喫茶店を開くことになりました。

多くの方が、その店名からはブラジルのリオデジャネイロをイメージするのではないでしょうか。実際は、店がある「寝屋川」と自身の苗字である「中川」、双方に関わりの深い「川」がポルトガル語で「リオ」だったことに加え、「川が交わるところは文明が栄える」といわれて縁起がよいことから名付けられました。

お店のロゴは画家の森本紀久子氏によるもの。

店主の貴美代さんと未来の三代目として修業中の宏起さん。

2024年に29歳を迎えた宏起さんは、小学生の頃から手伝いはしていたものの、まったく違う職種の一般企業に就職されていて、飲食業には関わったこともなかったそう。しかし、同居している母の貴美代さんを支えるために継ぐことを決意しました。今までは地元密着でやってきたものの、もっと間口を広げたいという理由からSNSの運用も開始。その一方、変わらず現金支払いのみでキャッシュレスにしないのは、会計時の一言を大切にしたいという想いから。「うちは、普段しゃべるのがテレビだけ、みたいな一人暮らしのお年寄りのお客さんが多いんですよ。ここに来て一言二言しゃべって、コーヒー飲んで、ちょっと笑って帰ってもらえたら活力になるかなって。お釣りを渡すときに『雨ですね』とか『足元に気をつけてくださいね』とか、言葉って一番大事だと思って」と、喫茶店の存在意義である原点の想いとやさしい気持ちを大切にされています。

年配の方のいろいろな知識を自分の引き出しにするために会話を楽しんでいる宏起さんと違っ

マロンパフェ

アイスクリームに、栗の甘露煮とホイップクリームをトッピング。グラスの底で輝くメロンシロップが目を引く。

ホットレモン

ソーダ（ブルーハワイ）

て、正明さんは「いらっしゃいませ」や「ありがとう」の最低限の挨拶だけでいい、と言ってお客さんとは一定の距離を保ち、「ここは皆が休憩しに来ているところ、仕事を忘れるところやから」とパソコンを開く人に注意を促していたそうです。

そんな二人に共通しているのは、「一人に甘くしたら、みんなのわがままを許容することになる」ため、店のルールをお客さんに守ってもらうこと。宏起さんも正明さんの想いを受け継いで、店の秩序を守るべく日々奮闘していると言います。常連客からも家族からも愛されていた正明さんは、88歳まで店に立っていて、92歳で亡くなったそうで、見せてもらった写真の中で、蝶ネクタイをしてやさしそうな表情をされていました。「僕も一人前になったら蝶ネクタイしようと思って」と微笑む宏起さんのことを今もどこかから見守っているのかもしれません。

「学生の頃にここへ来ていた方が何年も経ってまたこの店に来たときに、『青春時代のお店がまだここにあったんや』ってホッとできるような場所として残しておきたいんです」と貴美代

カレー(ゆで卵トッピング)

手間暇をかけた本格派。「自分の子どもに安心して食べさせられるものを店でも提供したい」と貴美代さんが言うように、愛情を込めて作られたことが伝わってくる。

さん。自分の暮らす街に、お二人がいる「RiO」のような場所があることはどんなに頼もしいでしょう。あの店へ行けばおいしいものが食べられる、何気ない会話ができる……。自分を知っていてくれる誰かがそっといてくれるということは、ふとしたときの心の支えになるのではないでしょうか。それこそが、喫茶店という場所の本質だと思うのです。

◎**喫茶RiO**

(所)大阪府寝屋川市八坂町15-8
(行)京阪「寝屋川市駅」北口より徒歩すぐ
(営)7:00~18:00(L.O.17:30)
(休)日・祝
☎070-2296-4351(予約不可)

時代を先取りした古きよき内装

八坂町

喫茶RiO

当初は正明さんの奥様である千代子さんが一人で営む予定でしたが、創業当時、この周辺の治安はあまりよいとはいえず、「俺には接客業は無理」といっていた正明さんも一緒にお店に立つことに。外から中の様子が見えない喫茶店が増えていた時代だったため、大きな窓があしらわれた店はまだ珍しく、「格好悪い」と言われることも多かったのだとか。そんな中、正明さんは「うちは明るくて健全な店にしよう」と時代を先取り。カリモクの椅子、銅板のテーブルを配置し、周りを見たときに目が合わないようになっているレイアウトや、季節によって色を変えるカーテンなど、並々ならぬこだわりで造られた内装は、40年ほど前の改装以来、手を加えることなくモダンなままで、ほとんど変わっていないそう。「R・i・O」にあるのは今では手に入れることができないものが多く、長く大切に使われているのです。

◀開店祝いとして贈られた昭和初期の掛け時計は今も現役。

▲チューリップのような形をしたガラスの灰皿も今では入手困難な逸品。

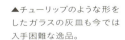

column 4

店主の思う、純喫茶とあまいもの

本書のタイトル「純喫茶とあまいもの」に寄せて、店主の皆さまに、お店やメニューに対する想いをつづっていただきました。

はたち

P.92

奥村太一さん

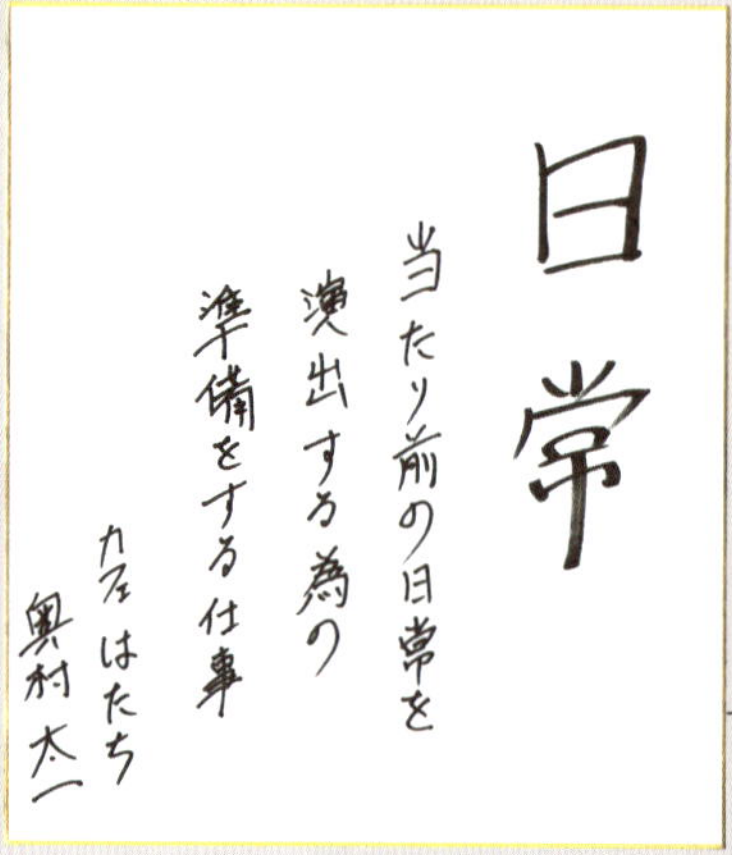

日常
当たり前の日常を
演出する為の
準備をする仕事
カフェ はたち
奥村太一

HAKUSENDO

白泉堂

P.58

高柳明弘さん

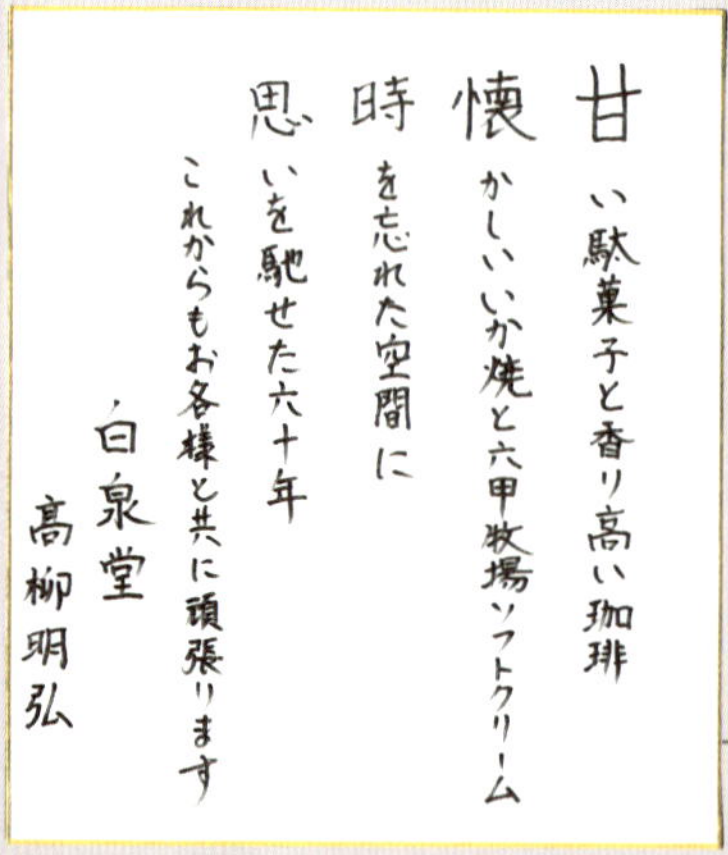

甘い駄菓子と香り高い珈琲
懐かしいいか焼と六甲牧場ソフトクリーム
時を忘れた空間に
思いを馳せた六十年
これからもお客様と共に頑張ります
白泉堂
高柳明弘

トロイカ
&
リビエラ

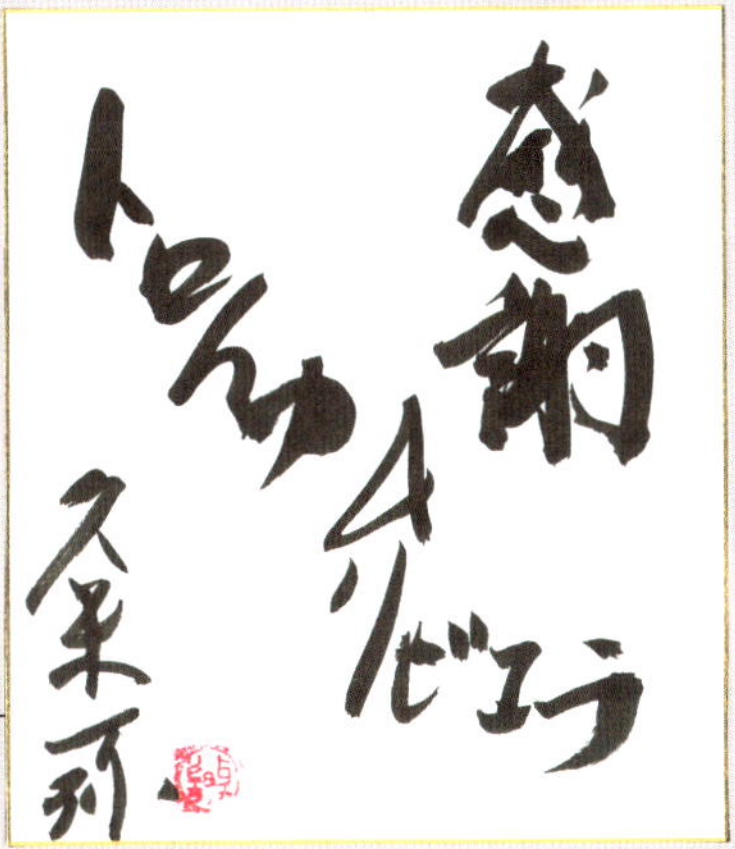

P.126

久米一弥さん

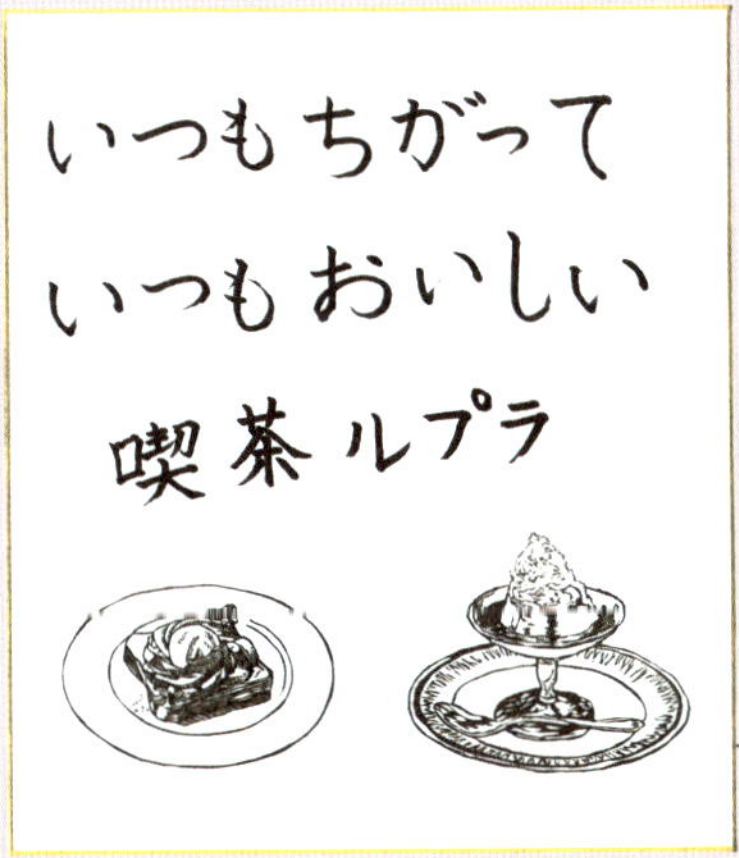

喫茶
ルプラ

P.74

西峯利恵子さん

ザ・ミュンヒ

P.154

田中完枝さん

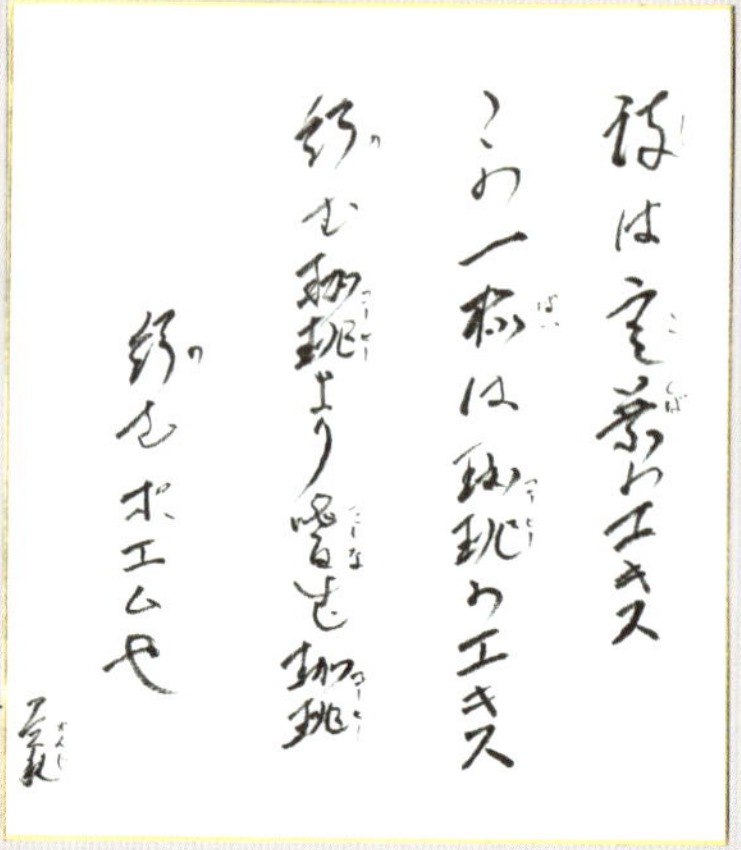
詩は言葉のエキス
この一杯は珈琲のエキス

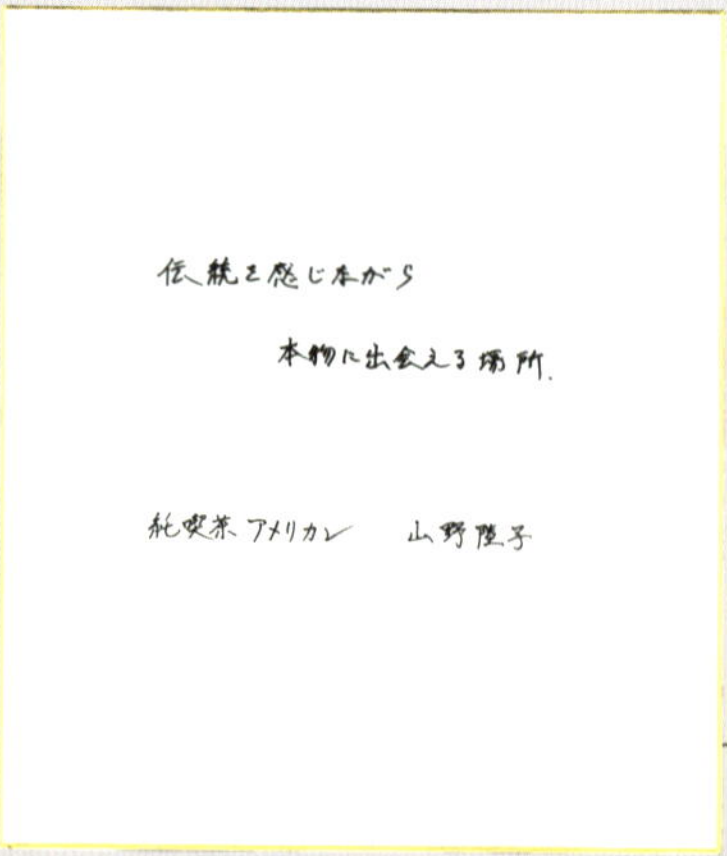
伝統を感じながら
本物に出会える場所.
純喫茶アメリカン　山野陸子

American

P.148

山野陸子さん

ホットケーキ／チーズケーキ

全国屈指の技が光る至高のコーヒーと
ふかふかのホットケーキを目指して

ホットケーキセット

バターがすべり落ちるほど、熱々で表面がなめらか。
セットのドリンクはコーヒーまたは紅茶のほか、
メニューから好きなものを選ぶこともできる。

喫茶 サンシャイン

「私、この人と結婚しようと思えたのが、義理の父を見て安心したからなんですよね。この人の息子さんやったら大丈夫かなって思えて」と話してくれたのは、東梅田にあって行列を見ることも少なくないお店を、二人三脚で支えている橋﨑知里さん。その話を聞いて、隣で笑う二代目の橋﨑卓さんのお父様の光男さんが1973年に始めたのが「喫茶サンシャイン」です。石川県出身の光男さんはそれまで豆腐屋を営んでいましたが、家庭を持って環境が変わったことで、朝早い仕事を続けていくのが困難になり、豆つながりだったのか、コーヒーを扱う喫茶店に商売を替えました。

　東梅田駅の改札を出てすぐというアクセス至便な場所ですが、できたばかりの頃はまだ栄えておらず、〝梅田の端のほう〟という認識で、立地条件がよいとはいえなかったそう。それでも当時は喫茶店ブームで、この辺りだけで12店舗ほどあり、証券会社へ一度に100名分のミックスジュースを配達したり、毎月多くのブルーマウンテンの豆を仕入れたりした、という

二代目の橋﨑卓さんと奥様の知里さん。

厚切りチーズトースト（マーマレード）

話も。その勢いに驚きつつも、会議でスーツ姿の人たちがそろってミックスジュースを飲む様子を想像しては、その大阪らしさとおおらかな様子が羨ましくもなります。

　呼びやすくて覚えやすい店名については、お母様の渓子さん曰く『You Are My Sunshine』という歌からとった」そうですが、一方、光男さんは「俺の名前が、光る男と書いて光男やから」と主張し、二人の言い分はどうやら違っているようです。

　会社員をしていた卓さんが光男さんの病気をきっかけに退職し、正式に代替わりしたのは2020年のこと。それ以前から店に立ってはいましたが、当時は今ほど客足が伸びず経営も厳しい状況。知里さんからは「喫茶業よりもっと安定した職があるのでは？」と厳しい顔をされた日々も。光男さんが大切に守ってきたことは変えずに受け継ぎながらも、もっとも自分らしさを出したのはコーヒーの淹《い》れ方。というのも、

艶のある銅板の天井やゴツゴツした岩のような壁など、目を奪われるポイントが多数。

コーヒー豆は店頭にある直火焙煎《ばいせん》機でローストしている。

卓さんは、日本スペシャルティコーヒー協会主催のハンドドリップに特化した競技会「ジャパン ハンドドリップチャンピオンシップ２０１９」で２２４名が参加した地区予選を勝ち抜き、全国5位に入賞したほどの腕前。今も日々レベルアップしているコーヒーを提供しています。

「昔は、純喫茶のよさが全然わからなかったんですよね。僕にとっては、ここは古ぼけた喫茶店で。子どもの頃は、実家が喫茶店をやってるって友達に言うのもためらうくらい嫌やったというか。でも、いろんなお店の存在を知って、今はこういう喫茶文化をなんとかして残したいっていう気持ちでやってます」

それまではやっていなかったメディアへの発信や催事での出店など、卓さんが継いでから新しい挑戦が増えたのは、純喫茶の魅力を伝え広めていくことで、自分のお店だけではなく、喫茶文化をいろんな世代に届けたいという想いから。私が思う卓さん

のすごさは、新しいものに対して決して頭ごなしに否定せず、受け入れてその場その場で素敵なものを提供して、日々魅力を発信しているところ。光男さんもそうだったと聞き、店を続けていく上で大切なマインドがお二人に共通していたことを知りました。どれだけお店が有名になって繁盛していても、原点回帰できるというのは強みではないでしょうか。

コーヒーと向き合っているとき以外は、ほんわかとした空気をまとう卓さん、話しているだけで安心感があるほどしっかりしている知里さん。そして「サンシャイン」を愛するスタッフの皆さんとやってくるお客様たちとの絶妙なバランスが、ここへ来るたび感じる居心地のよさを生み出しているのだと実感したのでした。

アミココ（アイス）
濃いめのコーヒーとほろ苦いココアが溶け合うオリジナルドリンク。

◎喫茶サンシャイン

㊟大阪府大阪市北区曽根崎2-11-8
日興証券ビルB2F
㊖大阪メトロ谷町線「東梅田駅」より徒歩すぐ
㊢7:00～20:00（L.O.19:15）
土・日・祝8:00～18:30（L.O.18:00）
㊡第3日・不定休
☎06-6313-6797（予約不可）

※2025年4月下旬に大阪駅前第3ビルB2Fへ移転予定（時期は変更の場合あり）。

自家製プリン
ブランド卵・蘭王を使い、風味豊かに焼き上げる。

名物のホットケーキができるまで

注文が入るたびに粉から丁寧に混ぜる。

ふんわり感を出すためダマを残す程度に混ぜ合わせた生地を、しっかりと熱した専用のフライパンへ。

ムラのないきれいな焼き目になるように気を配りながら、じっくりと火を通す。

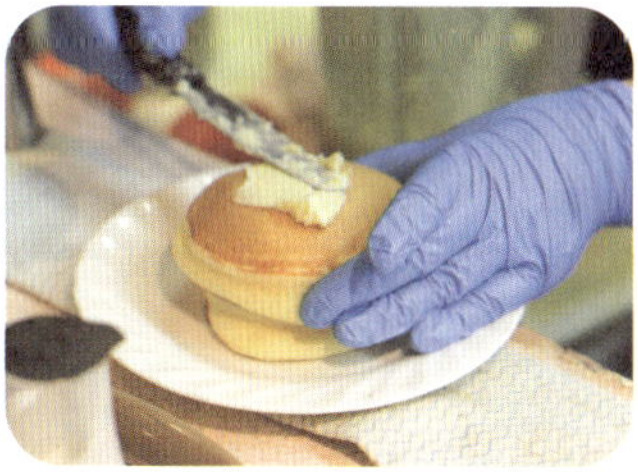

バターをたっぷり
盛って完成。
お好みでメープルシロップを
かけて召し上がれ。

調度品も料理も一級品を。
初代が志したおもてなしの精神を受け継ぐ
六等分のホットケーキ

「できたら100年やりたいなあ」。そんな言葉を聞いてうれしくなってしまった、1946年創業の「純喫茶 アメリカン」を守る山野陸子さんと誠子さんとのお話。1963年に現在のビルとなり、1975年に全面改装されていますが、1950年頃に移転して以降、場所はずっと変わらず。2カ所の土地が売りに出されていて迷ったものの、喫茶店での待ち合わせが多かった時代で、大通りに面したところよりも少しそれた場所の方がいいのではないかと選んだそう。創業者である山野さんたちのお祖父様による「暗い喫茶店はダメだ」というポリシーで、新聞が読める明るい喫茶店を目指

曲線美にこだわった螺旋階段、村上泰造氏が手掛けた存在感のある彫刻、絢爛豪華なシャンデリアが一体となったエントランス。

ホットケーキ

食後でも食べられるようにと、ふんわり軽い口当たりに。焼き上げてすぐにバターを塗り込み、六等分にしてから提供するのは「温かいうちに食べてほしい」というおもてなしの心から。

1階はステンドグラスが埋め込まれた波打つ壁、2階は川島織物の緞通《だんつう》を大胆にあしらった壁とフロアによって異なる趣が魅力。

した内装は、壁だけでも「家一軒建つ」と笑い話になるほど、こだわって造られているのです。

巨大なサンプルケース、シャンデリア、螺旋階段と、次々に視界に飛び込んでくるゴージャスなインテリアの中でも、特に目を引かれてしまうのは波打った木製の壁。まだコンピューターがなかった時代に、マホガニーや桜、ブナなど異なる複数の木材を薄くカンナで削ってニスを塗って、と気の遠くなるような作業を重ねてできたもの。改装が決まったときに、いつもは特に言及したことのなかった常連客が「あの壁は触るな」と強く言ったというほど。また、当時はレジの上が吹き抜けになっていて、シャンデリアもなかったため、専門業者に頼んで窓辺に季節ごとのオブジェを飾っていたそう。例えば、春にはウグイスを飛ばしたり、お正月には床に玉砂利を敷いて門松を置いたり。訪れる人たちの目を楽しませるために最大限のおもてなしとしての工夫が凝らされていたようです。

「儲けをすべてつぎ込んで店には一流品を、っていうのがおじいちゃんの考え方で。おかげさ

三代目として店を切り盛りする姉の陸子さん（右）と妹の誠子さん（左）。

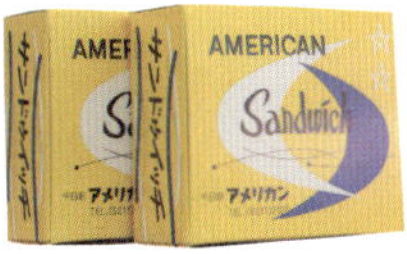

まで、いいものを使っていますから手入れをしていけば持ちますが、同じものはもう作れないんですよね」。そんな話を聞いて、いったいどんな方だったのか、と気になるお祖父様の口癖は、「明日のご飯があるのは商売してるから。勉強はぜいたくや。生活があって食べていけてこその勉強」だったそうで、体調が悪くなって入院する直前までお店に立ち、84歳で亡くなったときもなんとお店で葬儀をあげたほど。そんなお祖父様の気質を受け継いでいるであろうお二人は、「もう、やるしかないから、しゃーない（笑）。向いてるともなんとも思わへんけど、他にやってないから」という陸子さんは経営と経理、「祖父母、両親の一生懸命やっている姿を見ているので、やっぱり自分たちもっていう想いがね」という誠子さんは自家焙煎《ばいせん》と調理を担当。共通しているのは、ここを遺したいという強い想いです。

「今でこそ観光地になってしまいましたけれど、やっぱり喫茶店というのは、地に根付いたものだと思うんですね。地元の方が毎朝通われ

カスタードプリン

卵の風味を活かした手作りプリンは、ほどよい弾力のある食感。

ヨーグルトパフェ

◎純喫茶 アメリカン

所大阪府大阪市中央区道頓堀1-7-4
行大阪メトロ各線「なんば駅」B20出口より徒歩2分
営10:00～22:00
（火～21:30 ※祝・祝前日は除く）
休木不定休（月3回ほど）
☎06-6211-2100（予約不可）
※店内での撮影は注文したメニューなどテーブル上に限りOK（内観撮影はNG）

て、地元の言葉で話されて、地元で好まれるものを食べられる。銭湯じゃないですけど、なんかそういうね、サロンのような場所として情報交換して、何気ないお話をされて、帰っていかれるみたいな」という話がとても印象的で、そうであってほしいと私も強く願います。「家族皆で商売をしてきましたが、今は姉と私だけ。もう仏壇のほうが賑やかなんです（笑）。きっと、頑張れって見てくれてると思いますけど、心配でこのへんウロウロしてるかもしれません」と笑う誠子さん。その言葉から伝わってきたのは、営む人たちにとってお店は、ご家族の思い出も商売の歴史も、すべて詰まった人生そのものといっても過言ではない大切な場所であるということ。そんなことを心に留めて、何度でも足を運びたいと思うのでした。

アメリカンサンデー

写真で振り返る「アメリカン」の歩み

1950年頃

今とは別の場所で「花月」として創業し、4年が経った頃に現在の場所へ。店名を「アメリカン」と改め、当時はコーヒーとココアを看板に掲げていた。

1955年

店先に雨除けのテントが付けられ、食品サンプルが並ぶショーケースも登場。徐々に喫茶店らしい店構えに。

創業者の山野勝次郎さんと奥様のやよいさん。「おじいちゃんは頭から足の先まで商売の人でした」とは陸子さんの言葉。

1963年

隣家から飛び火した火事で店の一部が焼けてしまったことをきっかけに、当時最先端の防災設備を備えたビルに建て替え、アイコン的な存在となる螺旋階段が完成した。

唯一無二のコーヒーと
ひんやりチーズケーキ
名物マスターとの
人生談議に花が咲く

シャーベット風・チーズケーキ

多くのコーヒーがずらりと並ぶメニューの中に、唯一あるあまいものが自家製のチーズケーキ。ひんやり＆シャリッとした口当たりでさわやかな風味が広がる。バカラのグラスに注がれたアイスコーヒーとともに。

ザ・ミュンヒ

純喫茶巡りをしていて、もっとも印象に残るのはお店を営む人たちとの出会いではないでしょうか。私にとってその代表的なものは、近鉄大阪線の高安駅から徒歩10分ほどのところにある「ザ・ミュンヒ」での体験。初めて訪れたのは10年ほど前にもかかわらず、それからも何かにつけて思い出すインパクトのあるひとときでした。

創業は1981年、40年以上ここでしか味わえないコーヒーを提供し続けているのは田中完枝さん。スプーン一杯2500円のコーヒー、若かりし頃のご自分のブロマイド販売、自作ポエムの朗読、図録にも掲載されているという黄金色に光る推定500万円のマイセンのカップ……。ほかにも、会話が盛り上がりすぎて終電を逃した人を田中さんが車で送り届けたこともあるなど、驚きのエピソードがたくさんです。何度もメディアで紹介されているので、知っている方もいらっしゃるかもしれません。

「コーヒーは料理。コーヒーをコーヒーとして考えていたら、それを超えるものはできへんからね」と田中さん。

しかし、先述したことはほんの一面で、「ミュンヒ」の最大の魅力は狂気的ともいえるほどコーヒーと真摯《しんし》に向き合う田中さんの生き方だと思っています。お話を伺いながらまず注文したのは、ブルマンNo.1のナチュラル。一般的なコーヒーの淹《い》れ方とはまったく違ったオリジナルの抽出方法で、一滴目が落ちるまで約30分、一杯ができ上がるのには50分ほどかかります。沸騰した100℃のお湯を使用しますが、飲むときには40℃に下がるほど時間をかけてゆっくりゆっくりゆっくり。メニューの中でももっとも抽出時間が長いものはなんと4時間もかかるそう！

「うちのコーヒーは2回、3回と飲む必要はない。実際、お客さんの99％は1回しか来ないことがほとんど。でも、どんな業界にも50万人くらいのマニアがおって、そのうち5万人が40年の間に1人1回でも来てくれたら1日3〜4人になる。そしたら店も潰れへん。ここには伸びしろがあるのと、オンリーワンやからやっていける」と田中さんは言いますが、日々進化し続けているコーヒーの行方を確かめたい、と再訪するリピーターも少なくないのです。

何十年もかけて得てきたコーヒーの知識や考え方

若かりし日の田中さん。

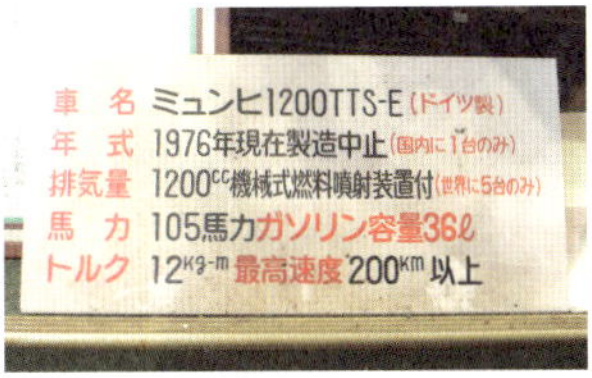

店名の由来でもあるドイツ製のバイク「ミュンヒ」がお店の真ん中に。

は、今後どのようにして後世に引き継がれるのか気になって尋ねてみると、手取り足取り教えるのではなく、考え方に共感できる人がその技を学べるようにと一杯ずつテーブルで実演し、メニュー表も渡しているのだとか。「誰かが幸せになってくれるものを作りたいんです。それがわかりにくいものであっても、わかる人はおるから。商売にならんことを商売にしてみせるっていうのが究極の姿。豆と焙煎《ばいせん》にこだわる店はあっても、抽出にこだわる店はほとんどないんや」と、コーヒーの淹れ方や店の在り方にとどまらず、田中さんの生き方に憧れてしまう部分もたくさんあります。

　これだけのオリジナリティを持っていながら、「自分はもう無名であってええ。自己満足は最高の美学」と言い切るのはなかなかできることではありません。「コーヒーって飲んだら消えるでしょ。結局は一過性というか、ずっと残れへんからね」という理由から、文字や言葉ではなく、お店に足を運び、飲むことで自分の体験にしてほしいと言います。

　メモを取るスピードが追い付かないほど、次々と名言が飛び出す田中さんですが、特に心に刻んでお

ブルマンNo.1(ナチュラル)

100gもの豆を細挽きし、ネルドリップで長時間かけて抽出。待つこと50分、ほんのりと甘く穀物のような独特の味わいの一杯が完成する。

きたいのはこんな言葉でした。「誰かが幸せになるなら自分が不幸になってもええ、それを受け入れるのが最高の生き方。人柄イコールその人の生き方やから、ここのコーヒーが自分の求めている究極。僕にとってこの空間は世界で一番居心地がいい。ここにいて、妄想して。それがもっとも幸せ」。そんな風に言いきれる人生を送ることができたならどんなに素敵でしょう。すべての人に迎合するのではなく、あくまでも自分が心地よく満足して暮らしていくこと。田中さんが提供してくださるのはコーヒーだけではなく、入店した瞬間から一杯のコーヒーができ上がるまでに交わした言葉たちやその時間。自分の人生を「自己満足」で生きることの大切さを学んだ気がするのです。

◎ザ・ミュンヒ

所 大阪府八尾市刑部2-386
行 近鉄大阪線「高安駅」より徒歩12分
営 6:00～翌3:30(日・月・火～21:00)
休 無休
☎072-996-0300(予約可)

※記載の価格は2025年1月時点のもの。

コーヒー人生のすべてをかけた究極の一杯

元祖熟成
樽仕込み
氷温コーヒー
29年物

スプーン一杯2500円、40ccでなんと11万円。コーヒーを液体のまま熟成させるという前代未聞の挑戦にもかかわらず、「液体のまま寝かせると酸化するなら、酸化しないコーヒーを作ったらええ」とさらり。

樽に入れることで樹液が出て、まるで芳醇なウイスキーのような香りと甘みを生み出す唯一無二の一杯。現在は10日間と29年間、それぞれ寝かしたものを提供しています。無くなったらまた同じ樽に新しいコーヒーを入れていくという、他では聞いたことのない作り方で、底だまりは「天使のわけまえ」という呼び名があるほど、うっとりしてしまう香りがするそう。

珈琲館 コーネル

レアチーズケーキ（コーヒー付き）

軽やかであっさりした味わいのチーズケーキを彩るのは、宝石のようにきらめく季節の果物たち。春はいちご、その後はメロン、ほかにもイチジク、洋梨、ピオーネ、桃などそのときどきの旬の味わいが楽しめる。

控えめなジャズに身をまかせ、きらきら輝く宝石をひとすくい

コーネル

自分の著書の出版記念イベントを、敬愛するバンドの人たちと数回ご一緒したことがあり、そのときに教えてもらったのが、昭和町にある「コーネル」でした。サイフォンの器具が並ぶカウンターの中で迎えてくれたのは、ベストを着用し、ネクタイを締めた姿が凛々《りり》しい木下照雄さんと奥様の律子さん。「人に合わせたり命令されたりするのは嫌やから」という照雄さんは、大学卒業後に旭区の森小路にあった「コロンビア」というお店で1年間働き、夜は心斎橋の喫茶学校に通ってコーヒーや喫茶業について学びます。その後、阿倍野や住吉で物件を探してこの場所に出会い、居抜きという形ではなく、大改装して現在の形に。

「ジャズとコーヒーのために始めたようなもん。昔のジャズ喫茶って、薄暗くて、しゃべったら怒られるような。でも、そういう店はやりたくなかったんですよね。そこまで僕も詳しくないし。ジャズはBGMでいいかなって」という理由から照雄さんが一人で始め、

穏やかな口調で話す照雄さんと、二人三脚でお店を支える奥様の律子さん。

およそ1年後に律子さんが合流。

創業当時から使用しているのは、ドイツの高品質家電メーカー「ブラウン」の小さなスピーカー。クラシックは急に大きな音が出る曲もあるため、お客様を驚かせてはいけない、と比較的抑揚が少なく、学生時代から馴染《なじ》みのあったジャズを選んだそうです。

「コーネル」を訪れたらぜひ召し上がってほしいのは、筆者も関わっている2020年に発行されたOsakaMetroの「純喫茶めぐり」の冊子でも取り上げたことがあり、訪れる人の多くが注文すると

床は、赤褐色で焼きムラのあるレンガを薄くスライスして敷き詰めている。「本当はこっちもレンガにしたかったんやけど難しくて」という壁は木目調に。

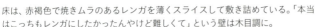

いうレアチーズケーキ。ジャムではなく、スプーンで食べやすいよう細かく刻まれた生の果物がたっぷりのせられています。最初は足付きのグラスに流し込んでいたそうですが、現在はバットで作ってから八等分しているそう。そして、「常連さんの要望には柔軟に」という〝純喫茶あるある〟は「コーネル」でも。サンドイッチの卵やキュウリを抜いてほしいというリクエストと同じように、もし果物が苦手な場合はコーヒーやココアの粉をのせて〝ティラミス風〟にアレンジすることもできるそうです。

営業日も休みの日も、365日同じ時間に起きて、同じ時間に寝るという照雄さん。少し前までは月に2日しか休む日がなかったそうで、自分に当てはめて考えるとその大変さに眩暈《めまい》がしてしまいますが、「家

アイスコーヒー

◎**コーネル**

㊢大阪府大阪市阿倍野区昭和町1-8-6
㊔大阪メトロ御堂筋線「昭和町駅」より徒歩すぐ
㊮7:30〜19:30（L.O.19:00）
㊡不定休（月3回）
☎06-6629-4719（予約不可）

で1日だらっとしていたら、逆に疲れが出る。ここが自分にとって一番落ち着く場所で、休みの日でもまずここへ来てから美術館や植物園に行く」と、時間の使い方に長《た》けていて、リフレッシュが上手な様子。ジャズを嗜み、美術を好み、植物を愛するという文化的なスタイルがとてもお似合いのお二人です。

「店をやっていてよかったと思えることは、常にここにおれて、いろんなお客さんとしゃべれること。大変だと思ってないから続いてると思う」と、創業46年という長い歴史をこれからも積み重ねていくべく、病気などをしない限りは末永く営業していきたいと言う照雄さん。これからも昭和町で下車する理由があり続けそうで、勝手にほっとするのでした。

ユニークな名を持つ個性派ぞろいの飲みもの

メニューをひと通り眺めるのは「いったいどんな飲みものなのか」と想像が膨らむ、ほかでは見たことのない文字に出合えることがあるから。

ブラックナイト

ココアをレギュラー（ブレンド）コーヒーで割ったほろ苦い味わいの一杯。「コーヒー＝黒い」という発想から照雄さんが命名したそう。

イタリアン・オーレ

ベースとなるミルクコーヒーに、オレンジとレモンの皮をシナモンと合わせて炊いたものを加えて漉《こ》してから提供。シナモンスティックでかき混ぜると、香りがふわっと浮き立つ。

カフェブラックジャック

コアントローとブランデー、2種類のお酒を使ったカクテルコーヒー。フレッシュの代わりに、レモンをグラスのふちに添えて。

column 5

純喫茶を彩るもの

純喫茶という空間に
身を置いて、
あたりをぐるりと
見渡す瞬間は
至福のひととき。
そこは、
愛でるべきもので
あふれています。

壁紙／天井／床

喫茶&グリル
幸の屋
— P.114 —

ヨーロピアンテイストの壁、波打つ天井、優しい色合いの床など、目移りするほど見るべきポイントがたくさん。

喫茶
アドリア
— P.176 —

赤みが差した照明付近の天井は幻想的な雰囲気。入口付近の床も個性的なのでお見逃しなく。

珈琲苑 水車

— P.182 —

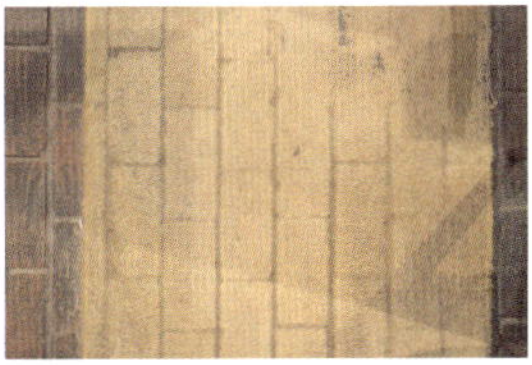

純喫茶には珍しくお手洗い空間がゴージャス。さまざまなタイプが組み合わさった床も見どころ。

白泉堂

— P.58 —

カウンターの奥にいびつな形の赤と黒のタイルが。グラス置き場のタイル風の模様もかわいい。

梅田珈琲館 YC

— P.30 —

しなやかな猫脚はたまらなく惹かれる意匠の一つ。高級感あふれる革張りの長椅子もお店の雰囲気にぴったり。

アラビヤコーヒー

— P.108 —

樽のようなたくましい胴体と、くるんと内側に弧を描く華奢な脚の絶妙なバランスが素敵。

喫茶 ドレミ

— P.6 —

丸みを帯びた柔らかなテイスト。朱色が薄め・濃いめの2パターンあるのも楽しい。

ザ・ミュンヒ

— P.154 —

直線が主張する厳格なイメージの椅子たち。年月を感じさせるダークブラウンの色合いも美しい。

コーヒーゼリー／デザートドリンク

名店のDNAを受け継ぐお店が提供する
ストロングコーヒーが活きた新生デザート

自家製コーヒーゼリー　テーマは大人のコーヒーゼリー。アイスブレンドとホットブレンドを混ぜて、2種類の砂糖を使用し、一口サイズにカットしたゼリーの上に、ふわっと空気を混ぜたやわらかなクリームをかけて。

伊吹珈琲店

味園ユニバースビルに用事があるときに、周辺を散策していてふらりと入ったのがきっかけで知った「伊吹珈琲店」。何気なく飲んだコーヒーは、とろみがあるように感じるほど濃厚で苦味が強いもの。とても好きな味であると同時に、はてどこかで飲んだことがあるような……と記憶の隅に引っかかっていました。そこから数年経ち、今回の取材でお話を聞いて、なるほど！と腑《ふ》に落ちたのです。なぜかというと、1934年に創業し、今では関西に16軒、関東に8軒、中部と九州に2軒ずつ展開しているかの有名な「丸福珈琲店」の黒門市場店として、1982年に創業したお店だったからです。一度飲んだら忘れられないインパクトのある味の面影を、そのときの一杯に感じたのかもしれません。

現在の店主は「丸福珈琲店」の創業者である伊吹貞雄さんを祖父にもつ伊

ヨーロピアンな内装のデザインは「丸福珈琲店と同じように」とお祖父様が依頼。建築士に、自分の気に入った映画のワンシーンを観せてイメージを伝えたという興味深いエピソードも。

吹憲治さん。中学3年生まで住んでいたご実家は、千日前本店だったということにもびっくり。黒門市場店は、憲治さんのお父様の慶一さんが任されていて10年近くこの場所で続けられましたが、貞雄さんが亡くなったときに「伊吹珈琲店」と自分の苗字に変えて再スタートしたそうです。ちなみに、天神橋筋商店街にある「伊吹珈琲」は、憲治さんのお兄様が営むお店です。

　コーヒーはもちろんのこと、憲治さんが「自信作」というコーヒーゼリーは、ご自分の挑戦として、以前からのレシピを変え、2024年春にリニューアルしたもの。「エキスというよりもコーヒーそのまま」という個性を

クリームソーダ

好きなソーダとアイスクリームの自由な組み合わせを楽しめる、ここならではのスタイル。定番のあまおうプレミアム×ストロベリーと、「これは珍しい（笑）」と憲治さんも驚いたゆずミント×ガトーショコラを注文。

最大限に発揮している一品で、まるで一杯のコーヒーを飲んだときのような満足感を味わえます。

黒門市場へ仕入れでやってきた商売の人たちが立ち寄ったり、近所に住む高齢者が晩ご飯を買いにきたついでにコーヒーを飲んでいったり……という光景が日常だった昔とは、がらっと変わってしまった客層。そのことに戸惑いもあるようですが、海外観光客や新しくここを知った若い人たちも歓迎しつつ、地域密着であることを一番大切にしていきたいと言います。

「コーヒーは嗜好品ですから、好き嫌いがあるのももちろんなんですけども。おいしい！と喜んでくれたら、もうお金

ミックスジュース

いらんよって思ってしまうときがあるくらい（笑）」というほど、自慢のコーヒーに愛情を持っている憲治さんが素敵です。頻繁に来られない私は、立ち寄る度にレジ横で販売しているドリップバッグをたっぷりと購入して、東京でそれを楽しみながら、無くなってしまう前にはまた訪れて、あの濃厚な一杯を飲みたいといつも思っています。

◎伊吹珈琲店

㊐大阪府大阪市中央区日本橋
1-22-31 黒門市場内
㋖近鉄難波線「近鉄日本橋駅」より徒歩すぐ
㊒7:00～18:30（L.O.18:00）
㊡元日
☎06-6632-0141（予約不可）

▲左)「ここのは、お祖父さんの味を受け継いでいる」とは、毎日通っているという常連客からの言葉。右)抽出には、お祖父様が開発したオリジナルドリッパーを使用。

常連客もうなる丸福仕込みのコーヒー

日本橋

伊吹珈琲店

お祖父様からお父様と代々受け継がれてきた「秘伝のコーヒー」は、2007年に二代目となった憲治さんへ。現在の「丸福珈琲店」が、全国展開しているゆえの万人受けを目指している味だとすれば、「伊吹珈琲店」は地域に根付いたやり方で、「10人中1人、2人でもいいから、これや！と言われる、ここにしかない味」を目指しているそうです。余談ですが、以前大阪の喫茶店で隣り合わせたご婦人と話していたときに、「最近のコーヒーはパンチがなくて、飲んだ気がしない」とおっしゃっていました。その方が求めていたのは、もしかしたらこちらで飲めるようなコーヒーだったのかもしれない……と考えていると、「昔は、大阪といったらストロングコーヒーって言われるくらい非常に濃いコーヒーが主流でした。『大阪はドケチ文化だから一杯で満足できるような味が好まれる。おかわりがいらんから』とテレビ番組でも話していた」と。真偽のほどは不明ですが、そんなエピソードも教えてくれました。

喫茶アドリア

はるか遠いイタリアの海に
思いを馳せて味わう
数量限定の"食べるコーヒー"

コーヒーゼリー

「苦味の加減が一番いい」というお店で出しているアイスコーヒーを使用。
美しい艶とぷるんとした口当たりに、思わずうっとり。

メディアで「昭和レトロブーム」という文字をよく見かけるようになってからはや数年。その勢いは今も衰えることなく、純喫茶でも10年ほど前には想像できなかったほどの行列や、若い人たちがくつろぐ姿が日常となりました。そんな風潮もよい方に手伝ってか、家業として継ぐ人たちも少しずつ増えているように思います。

純喫茶を好む人にはきっとたまらないであろう「喫茶 アドリア」。店名はその店の顔で、時代時代で流行《はや》ったものや、創業者の思い入れの強い対象から付けられることが多いと思うのですが、こちらは洋画好きだった創業者が、映像に出てきたイタリアのアドリア海から付けたものだそう。そんな「アドリア」で、三代目となるべく現在修業中の藤野体眞《たいち》さんも、若くして昭和からの歴史を背負う覚悟をした一人でした。

中学生のときから手伝ってはいたものの、継ごうとは考えていなかったそうですが、大学生になって周りが就職を決めていく中、自分の未来

について葛藤するように。体眞さんが22歳の頃、創業者であるお祖父様亡きあともお店を支えてきたお祖母様が亡くなり、お母様である佳苗さんが二代目となったタイミングでその意志を固めます。ちょうど世はコロナ禍で授業はリモートとなって、店に立つことが増え、佳苗さんが奮闘する姿を見て、「大学生の自分だからこそ何かできることはないか」と考え、Instagramをはじめとする SNS運用を行うように。

学生時代は、ビアホール、串カツ屋など、飲食店ばかりでアルバイトをしていたという体眞さん。中でも、長く勤めた大手コーヒーチェーンは、いずれ個人経営である実家でも活かせる経験を積めるかもしれないという理由から選んだようです。チェーン店にも個人

中央で輝くシャンデリアは、オープン当初から受け継がれてきた店の花形。壁際に控える照明もおそろいのデザインで、調和のとれた美しい空間が広がっている。

店にもそれぞれのよさがあることは前提の上で、あえて個人店ならではの素敵なところを知ることができたかを聞いてみると、「常連さんとの付き合いや店の空気感」という回答。平日は近隣に勤めるサラリーマンが多いということの土地では、一番大切なことではないでしょうか。

そんな中、体眞さんが手伝うようになってから復活したのが、コーヒーゼリー。祖父母の時代にもあったものの、メニューからは消えていた一品です。遠方からやって来る一見《いちげん》さん向けに何か目玉になるものをと、数量限定で提供しています。「市販のコーヒーゼリーって甘いじゃないですか。それはそれでおいしいけれどせっかく喫茶店でコーヒーゼリーを食べるんだったら、ある程度コー

ミックスジュース
バナナ、黄桃のほか3種類の果物と牛乳を入れ、舌触りがよくなるまでしっかりミキサーにかける。

マッチにも記載があるように、昔はピザが看板メニューだったそう。

ヒーの味もちゃんとしてないと、と思って」という理由から、フレッシュは最初からかけずに別添えで提供。くどくない甘さを目指しています。試行錯誤して完成したゼリーは、まるで食べるコーヒーのようで、一度食べたらファンになる人も多いことでしょう。

今回、お話を伺ったのは主に体眞さんですが、現在の店主は二代目である佳苗さん。忙しい時間帯は佳苗さん主導ではありますが、落ち着いているタイミングでは体眞さんに任せられることも増えてきたようです。

「僕もまだそんなにコーヒーの知識が深いわけじゃないですが、いろんなお店で飲むうちに、おそらくここの豆を使って淹《い》れてるんかなってわかるように

なってきて。特にうちと同じ山本珈琲さんの豆を使っている店には意識的に出入りしています」と、休みの日には、他の純喫茶を巡る勉強熱心な様子が頼もしい限りです。「アドリア」の今後のビジョンを尋ねたときの「大事な根底の部分を変えずに、変えられるところは徐々に変えていく。常連さんが来てくださっているこの空間を守り続けられたら」という言葉に、三代目としての素質がすでに感じられたのでした。

ソーダフロート

ミルクセーキ

◎喫茶 アドリア

所 大阪府大阪市中央区日本橋2-6-19
行 大阪メトロ堺筋線「日本橋駅」より徒歩4分、
または大阪メトロ各線「なんば駅」より徒歩10分
営 7:00〜16:00
（フードL.O.15:00、ドリンクL.O.15:30）
休 日・祝
☎06-6644-4060

貴族の住まいのような空間にお邪魔して、
華やかなコーヒーで乾杯を

コーヒークープ

バニラアイスにアイスコーヒーを注ぎ、りんごやキウイなどそのときどきにあるフルーツで飾りつけ。上はパフェ、下は飲み物というなんとも欲張りな一杯。

水車

純喫茶の魅力である、時間を積み重ねてできた内装は、お金では決して買えないものの一つではないでしょうか。今では手に入れるのが難しい資材、ぜいたくな間取り、ゴージャスなインテリアなど、新しく造ることは難しいものばかり。今までも発信してきましたが、私にとってお店での飲食代は、「昭和の活ける博物館」のような空間に入場させてもらうためのチケットだと思っています。

それまで馴染《なじ》みのなかった西田辺の駅で初めて下車したのは2015年のこと。知人から教えてもらった「珈琲苑 水車」に行くためでしたが、そのときはあいにくお休みだったため、願いが叶ったのは2019年でした。「水車」の創業は1961年。創業者である岩谷正信さん亡き後、息子の倫裕さんが2003年に正式に継いだそうです。現在は、奥様の千恵美さんと一緒に迎えてくださいますが、お二人を見るたびに以前お聞き

やわらかな自然光が差し込む2階はドラマのロケ地として提供することも。残念ながら普段は開放していないそう。

した話を思い出します。それは、当時、出勤前に「水車」で朝食をとることが日課だった千恵美さんに倫裕さんが一目惚《ぼ》れした、というなんとも喫茶店らしいロマンチックなエピソード。「そんな話もしたっけ（笑）」と照れ笑いする倫裕さんにつられて、なんだかこちらまでくすぐったい気分になります。

「同級生からは、『毎日家でクリームソーダ飲めるやん』とか言われたけど、飲んだことなかったし、子どもの頃から親が働くのを見てるから、飲食業にあんまりええイメージがなくて」という倫裕さん。とはいえ、「水車」ができた頃、周辺には大手企業が多数あり、何もしなくても次々とお

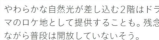

客さんがやってきて忙しい時代だったようで、なんとなく継ぐことを示唆されていたこともあり、ご自分でもいつかそうなるだろうと思っていたそうです。しかし、よい時代は長く続かず、企業が撤退しはじめた頃からは毎日のようにやってきていた常連客もいなくなり、経営が厳しいときもあったとか。

　今では喫茶ブームも手伝って、週末には近所の人のみならず、メディアで発信された写真を見て遠方からやって来る人たちにも助けられているといいます。現在は日曜日定休となっていますが、息子さんからのアドバイスもあり、休みを平日に変更して土日営業も検討しているという週末

ウインナ・コーヒー

上）ホットレモン　下）ホットオレンジ

穏やかでやさしい空気をまとう岩谷さん夫妻。

2つある出入口は、表がレンガ造り、裏が三角屋根とまったく雰囲気が異なる。

に旅する人たちにはうれしい情報も。バブルが弾ける前は深夜まで賑やかだったというこの辺りもすっかり静かになって、現在は朝の時間帯が一番忙しいそう。かつては、サービスの一環として置いていた6〜7種類の新聞の取り合いもあったそうですが、スマートフォンが普及し、それぞれが手元で読むようになり、そんな風景も過去のものに。

　大変なことも少なくない日々の中で特にうれしいのは、「おいしい」と言ってくれて、さらにご飯をおかわりしてくれる人に出会えることだそう。それを聞いて、私も「水車」に出掛けるときはうんとおなかをすかせて行こうと思ったのでした。

◎珈琲苑 水車

㊢大阪府大阪市阿倍野区阪南町5-22-9
㊔大阪メトロ御堂筋線「西田辺駅」より徒歩2分
㊒7:00〜18:00（フードL.O.17:00）
㊡日・祝
☎06-6624-4721（予約可）

中世ヨーロッパを思わせる高貴なたたずまい

阪南町

珈琲苑 水車

「水車」という店名は、倫裕さんのご両親の故郷である泉南市にあった広い畑の中でカラカラと音を立てて回る水車小屋の風景から、「田舎の思い出を忘れないように」と付けられたそう。店内には先代がコレクションしていた西洋アンティークが飾られ、赤い絨毯が敷かれた貴族の住まいのような内装。特徴的な外観とともにヨーロッパをイメージされたそう。

1階から見上げると、ステンドグラス風の天井が眩《まぶ》しく、艶やかな手すりに縁どられた階段や、ビクター製の球形スピーカーなど、今も残っていることに感謝したくなる装飾ばかりです。また、ひと仕事を終えた倫裕さんがよく休憩するという奥の空間や、思わず目的を忘れて見入ってしまう豪華なお手洗い、いくつか種類がある美しいデザインの床も必見です。

手作り感あふれる
アットホームな空間で、
かわいい名前の飲みものに一目惚れ

チョコボン

ミルクが主体のチョコレートドリンク。アイスクリームやウエハースを盛ってパフェ風に仕立て、愛らしいぽってりとしたフォルムのグラスで提供する。

COFFEE SALON

チロル

　あまり物を増やさず、創業当時の様子をキープされているお店も素敵ですが、個人経営ならではのちょっとしたインテリアの変化があるお店も愛おしくなります。例えば、北加賀屋にある「コーヒーサロン チロル」。吹き抜けのある入口上部の高い天井からつり下がっているぶどうみたいな形をしたランプ、今でも使用可能というＮＴＴの公衆電話「鹿鳴館」が置かれている電話ボックス、両側の壁にある煉瓦に縁どりされて光る鮮やかなステンドグラス……。昔から変わらないであろう空間で席を選ぶときによく周りを見渡してみると、ハロウィーン、クリスマス、おひなさま飾りなど、そのときどきの季節を感じられるかわいらしい飾り付けが。

チロル地方の教会をイメージして造られたという美しい内装は、お父様自ら何度か壁を塗り替えた以外は変わっていないそう。

「父がこういう電飾を付けたりするんです」と話してくださったのは、ご両親と一緒に「チロル」を守っている板本美穂さん。板本さんが生まれたばかりの頃、21歳のお父様と19歳のお母様が住之江区の粉浜にて「パール」という喫茶店を始め、姉妹店として住吉区の我孫子道にも「チロル」という名前でオープン。一時期は2店舗同時に経営されていましたが、その後、現在の場所である北加賀屋に移転し、お店を一つにまとめることに。この辺りは元々喫茶店がとても豊富な地域で、朝はモーニング、昼はランチと利用する人が多く、喫茶店文化が根付いているのだそうです。その証拠に「チロル」がオープンした当時、目の前にはすでに別の喫茶店があり、ライバル視されたこともあったのだ

板本さんたちと家族のように馴染《なじ》んでいた常連の若い女性客が「めっちゃおいしい！」とお薦めしてくれた一品。

とか。

　大学卒業後に違う職業に就くも、結婚したことと人手が足りなくなったことから手伝うためにこちらへ戻ってきたという板本さん。「その当時は、よう考えもせんと好きにさせてもらってきましたけど、全然寄り添ってなかったな。手伝わされるの嫌やわ、とかいつも思ってたので（笑）。今になって、続けるってことは辛いなと。『休もう』って言ってもなかなか休みたがらんし」と、同じ立場にたった今、60年続けてきたご両親の並大抵のことではない大変さがよくわかるそう。「客商売の辛いところは待つしかないところです。特に雨の日は。そうやってときどき不安になるのを、両親はよう乗り越えてきたなと思いながらやってます。休まないのも不安

珈琲ゼリー

ブレンド珈琲

スプーンのデザインが多彩で思わず写真におさめたくなる。

をかき消すためなんですよね」と、お客様に恵まれている、そのおかげでみんな元気でやっていけている、と感謝の言葉を何度も口にされていました。

真面目でやさしいお人柄の板本さんが、ご自分でいろいろと抱え込んでしまわないか心配になってしまいますが、取材に同席された板本さんの息子さんである駿さんが、ご家族の身体を労わっているやさしい言葉やまなざしが印象的で、勝手ながら安心した気持ちにも。「ありがとう、おおきに。いってらっしゃい」。誰かが会計を済ませるたびに聞こえる板本さんのやさしい声掛けが形になったような「チロル」を愛おしく思うのです。

かけるのも受けるのも可能な公衆電話からはときおり、ジリリリリ……という音が鳴り響く。

◎コーヒーサロン チロル

所 大阪府大阪市住之江区中加賀屋3-12-19
行 大阪メトロ四つ橋線「北加賀屋駅」より徒歩8分
営 7:00～17:00
休 木
☎06-6682-2306（予約可）

家族で支え合って、いけるところまで

創業者であるご両親と、板本さんの息子さんも一緒に。

いろいろなお店で働く方たちの様子を見てきて思うのが、実年齢に反して皆さん本当にお元気だということ。常連客との会話や、忙しい時間帯には常に店内を歩き回っている足腰の強さがそうさせるのでしょうか。とはいえ、板本さんのご両親も確実に年を重ねていきます。そのことについて、「私一人ではできないし、うちの息子たちも継がないので。父が元気な間は、と思ってますが、今はあまり不安になることは考えないようにしてる」とこの先については未定だそう。

いちごフロート

「いちご頼みのドリンク」というほど、冷凍したいちごをふんだんに。ホールのいちごを使っているので色が鮮やかだそう。そそり立つバニラアイスも美しい。

どこか妖艶な雰囲気を醸し出す紫色の看板が目印。

ジャンジャン横丁が育んだ老舗喫茶の甘酸っぱいパステルカラードリンク

通天閣のお膝元に広がる南北約180mの「ジャンジャン横丁」には、串カツ屋をはじめとした昔ながらの飲食店が軒を連ね、昼間から顔を赤らめた上機嫌な人たちが練り歩いています。その中ほどにあるのが、1947年創業、2024年で77年を迎えた「喫茶ニューワールド」。店名の由来は、この辺りのエリアを示す「新世界」と単純明快。

「昔は労働者の街だったんですよ。日雇い労働の方がそこの大きい通りに何十人と集まって、皆でトラックに乗って労働に行って。帰ってきたら1日の日銭で、ここらで飲み食いして泊まって。最近でこそ安心して歩けますけど、酔っ払いが多くて小さいときは怖かった（笑）」と話してくれたのは、現在三代目として店を守る山本宜彦さん。創業者である山本一雄さんは祖父にあたり、祖母の八重子さんとともに店を切り盛りしていた1970年頃は、今よりずっと忙しかっ

こぢんまりとした1階のほかに2階席もあり、入口から想像するよりもずっとゆったりとくつろげる。

たそう。
　ジャンジャン横丁は、いつ訪れても地元の人たちや観光客で賑わっている印象がありますが、コロナ禍を経て後継者の不在や長期休暇によって気持ちを削がれてしまい、閉店を決めたところも少なくなく、以前からあったお店はずいぶん減ってしまったようです。また、周辺のチェーン店の増加でそちらに人が流れ、歯がゆい売り上げだった時期も。
　しかし、「ニューワールド」の並びにある「千成屋珈琲」がミックスジュース発祥の店であったことから、新しい流れも生まれました。
「ありがたいことに、うちでもミックスジュースが出やすくなって。発祥の店を目指すついでに他のお店にも足を運んでくれるんですよ」。最近では、地域の「ミックスジュースマップ」なるものも作られて、飲み

昔の写真や掲載雑誌などを振り返りながらしみじみと語ってくれた山本さん親子。

比べを楽しむ人も増えたそう。アイスコーヒーを「冷《れい》コー」と呼ぶように、メロンソーダを「ソーダ水」、ミックスジュースを「ジュース」と注文する名残も、まだあると教えてくれました。

初代の一雄さんがコーヒーを学んだのが「丸福珈琲店」だったこともあってか、「ニューワールド」で提供されるコーヒーは、ネルドリップで点《た》てられる深煎《い》りのとても濃厚なもの。「焙煎《ばいせん》のやり方は昔からずっと一緒。コーヒーだけは絶対に変えたくなくて」と、当時流行《はや》ったストロングコーヒーの味を今も守っています。ノリタケ、ナルミ、ジノリなどの美しい器を取りそろえ、その人の雰囲気や服装を見てカップとソーサーを選んでくれる粋な計らいも。

「ニューワールド」の創業１００周年まではあと23年。「僕の代でな

ハニートーストセット
溶けていくアイスクリームが染み込んで、トーストがだんだんミルキーな味わいに。

んとか100年を迎えられたら。コーヒー以外のメニューに関しては、時代ごとに新しいものを柔軟に取り入れていきたいですね」と宜彦さんが言うと、「続けることに意味があるような気がしてるから」と一緒にお店を支えるお母様の香里さんも続きます。親戚関係にあるという近くの「喫茶ドレミ」（P.6）や近隣のお店たちとともに、この地の喫茶文化の灯りをいつまでもともしていてほしいものです。

◎**喫茶ニューワールド**

所 大阪府大阪市浪速区恵美須東3-4-8
行 大阪メトロ御堂筋線「動物園前駅」より徒歩3分
営 8:00〜16:00（土・日・祝〜18:00）
休 木、ほか月2回不定休（連休）あり
☎06-6643-4888（予約不可）

和風な雰囲気だった初代の頃

宣彦さんは18歳のときからアルバイトとして店に立ち、現在39歳。長く通っている常連客から自分の店の歴史について教えてもらうことも多いといいます。見せてくれた昔の写真は、間取りは同じであるものの和風な造りで、今とはがらりと違う雰囲気。隣で火事があり、延焼はしなかったものの消火の関係で建て替えとなり、現在の造りとなったようです。

祖母・八重子さんがお店に立っていた当時の様子。

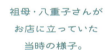

column

6

スプーンの柄

カップに添えられたティースプーンや、パフェ用の長いスプーン。手に取る〝柄〟や先端の〝柄尻〟の美しさに思わず見とれてしまいます。

喫茶ニューワールド

P.194

一見するとシンプルながら、繊細で細やかなレリーフにじっくりと見入ってしまう。

珈琲艇 CABIN

P.80

くびれのある柄が、どこか妖艶な雰囲気を醸し出す。凝った意匠の柄尻もゴージャス。

珈琲苑 水車

P.182

上）細い柄に刻まれたバラが美しい。
下）すらりとした華奢な柄の先に、特徴的なデザインの柄尻が。

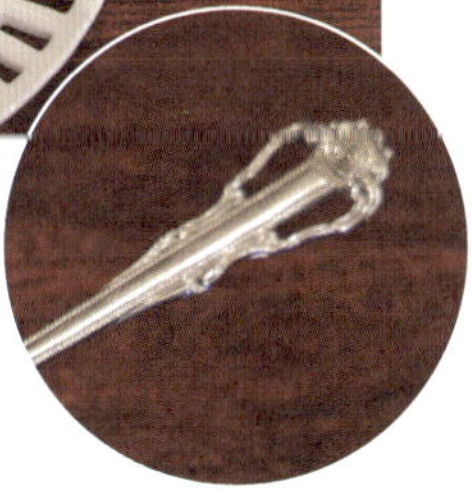

珈琲店スパニョラ

P.86

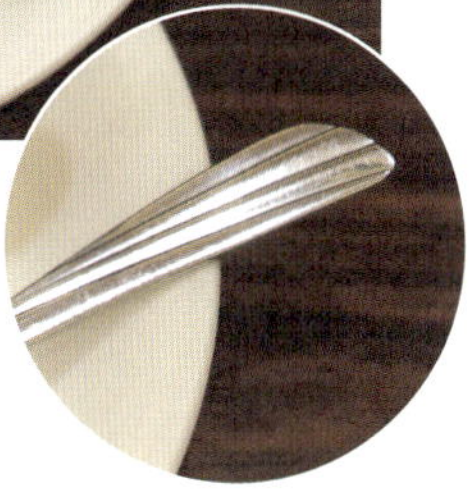

上）「羽？」「貝殻？」と想像が膨らむデザイン。
下）使い込まれて味わい深くなった色合いも素敵。

純喫茶の風景

押
PUSH

全品
税込
喫
茶
20
15

旅の終わりに、心からの感謝を込めて

銭湯、名画座、キャバレーなど、時代の移り変わりとともに減少していっている場所がいくつもあります。一つのものに飽きて、次の刺激を求める気持ちが「流行」を作るのだとしたら、一方でずっと同じものを好きでいる変わらない気持ちがあってもよいのではないでしょうか。昭和の時代に多く生まれた純喫茶たちは、時間を経てもその価値が失われるわけではなく、むしろその魅力を増して、今見てもときめくデザインであふれているのです。

好きなものを注文したり、気の向くままぼんやりしたり、誰かとたわいもない話をしたり……。慌ただしい日常の中にそんな一コマがあることは、ささやかでありながらも大切な癒やしだと感じています。

「純喫茶とあまいもの」シリーズも、東京、京都、名古屋と続き、大好きな街である大阪へ。今回お邪魔したどのお店でも、にこやかに、そして軽やかに迎えてくださり、ここでは旅人にもかかわらず、懐にひょいと入れてくれるようなフレンドリーさが特に魅力でした。お忙しい中にもかかわらず、貴重な時間を割いてくださった29の純喫茶の皆さまに心より感謝申し上げます。

同じ名前でメニュー表に載っているものの、それぞれ具材や盛り付け、器に個性があり、誕生したときのエピソードや想いを含めて、他では食べられない一品です。そこには「自分の店でおいしいものを食べてほしい」という確固たる意志を感じるのでした。そんな風に、もっとそのお店を好きになってしまう素敵なエピソードばかりで、純喫茶という空間は単に「容れ物」なのではなく、そこで働く人たちや訪れる人たち、そして時代が創っていく「生き物」なのだと改めて実感した日々。

純喫茶を好きになってから出会えたご縁や、あたたかい気持ちは数えきれないほど。おいしくてあまいものを食べたときの感動は、「しあわせ」という気持ちに一番近いのではないかと思っています。

そうやって笑顔になれる瞬間が、皆さまにも私にも、これからたくさんありますように。

難波里奈

難波 里奈（なんば・りな）

「昭和」の影響を色濃く残すものたちに夢中になり、当時の文化遺産でもある純喫茶の空間を、日替わりの自分の部屋として楽しむようになる。時間の隙間を見つけては日々訪ね歩いたお店の情報を発信。「純喫茶とあまいもの」シリーズ（誠文堂新光社）や『文庫版 純喫茶コレクション』（河出書房新社）など著書多数。純喫茶の魅力を広めるため、マイペースに活動中。

撮影　村川荘兵衛
デザイン　田山円佳（スタジオダンク）
取材・編集　秋田志穂
校正　ケイズオフィス

親《した》しみやすい名喫茶《めいきっさ》

純喫茶《じゅんきっさ》とあまいもの　大阪編《おおさかへん》

2025年 3月31日　発　行　NDC672

著　　者　難波里奈《なんばりな》
発 行 者　小川雄一
発 行 所　株式会社 誠文堂新光社
〒113-0033　東京都文京区本郷3-3-11
https://www.seibundo-shinkosha.net/
印刷・製本　シナノ書籍印刷 株式会社

ISBN 978-4-416-52443-5